Marco Althaus

Das internationale Sachverständigenwesen

I0028634

EHV)

Dr. Marco Althaus

Das internationale Sachverständigenwesen

Wertermittlungen und bilanzielle Immobilienbewertungen

---

1. Auflage 2013 | ISBN/EAN: 9783867418768

© Europäischer Hochschulverlag GmbH & Co KG, Fahrenheitstr. 1, 28359 Bremen. Alle Rechte vorbehalten.

www.eh-verlag.de | office@eh-verlag.de

Marco Althaus

Das internationale Sachverständigenwesen

Wertermittlungen und bilanzielle Immobilienbewertungen

Mit einem Vorwort von
Dr. Dr. Thomas Windelschmidt

EHV

Für meine liebe Frau Sabine
und Alexander und Catherina, die tollsten Kinder der Welt.

Alain Minc (*1949), franz. Autor & Präsidentenberater

„Globalisierung ist für unsere Volkswirtschaften das, was für die Physik die Schwerkraft ist. Man kann nicht für oder gegen das Gesetz der Schwerkraft sein - man muss damit leben."

Vorwort von Dr. Dr. Thomas Windelschmidt

Unsere Gesellschaft lebt im Zeitalter der schnellen Informationsverarbeitung. Täglich müssen ungeheure Mengen an Datenmaterial
verarbeitet werden. Dies stellt erhebliche Anforderungen an das
Know-how der Marktteilnehmer.

Durch die fortschreitende Globalisierung findet man im Immobiliensektor in Deutschland immer mehr ausländische Investoren und
Kapitalanlagegesellschaften, die Einzelimmobilien und ganze Port-
folien erwerben. Umgekehrt diversifizieren deutsche (institutionelle) Investoren ihre Immobilienportfolien schon seit Jahren europaweit bzw. weltweit.

Die weltweit unterschiedlichen Herangehensweisen an die Immobilienbewertung und damit natürlich auch die Unterschiede in der
Kaufpreisfindung müssen, wenn man erfolgreich in diesem Markt
bestehen will, im Detail bekannt sein, um erkennen und antizipie-
ren zu können, woher die unterschiedlichen Bewertungen und Er-
wartungshaltungen rühren.

In diesem Dschungel von neuen Informationen ist es wichtig, die
Anwender zu sensibilisieren, Datenmaterial nicht ungeprüft hinzu-
nehmen, sondern kritisch zu hinterfragen. Dr. Marco Althaus stellt
sich mit diesem Buch dieser Herausforderung und gestaltet einen
Leitfaden, der es ermöglicht, einen Einblick in die Struktur des
Sachverständigenwesens und der Immobilienbewertung zu erhalten.

Erläutert werden in diesem Buch die wichtigsten Wertbegriffe, die
unterschiedlichen Vergleichswertverfahren, Wertdefinitionen und
die Methoden der Wertermittlung, das Sachverständigenwesen, die
Bewertungsgrundlagen und internationale Bilanzierungsvorschrif-
ten. Ein absolut empfehlenswertes Werk!

Thomas Windelschmidt, geboren am 29. Juni 1963 in Berlin, wuchs in Dortmund auf und studierte an der Universität Dortmund (www.tu-dortmund.de) Physik und Wirtschaftswissenschaften.

Als Diplom-Physiker lag sein erster beruflicher Schwerpunkt im Bereich IT und Telekommunikation. Später vertiefte er insbesondere sein Wissen in den Bereichen Wirtschaftswissenschaften und Ökonomie, erlangte zusätzlich den Abschluss MBA (Master of Business Administration) und wurde darüber hinaus zwei Mal promoviert.

Heute ist Thomas Windelschmidt an einer Reihe von Unternehmen und Projekten in Deutschland und weltweit beteiligt. Er ist seit 1997 in erster Linie glücklich mit seiner Frau Claudia Appel-Windelschmidt verheiratet und stolzer Vater von zwei Kindern, Tim Henry (1998) und Anna-Katharina (2000).

Inhaltsverzeichnis

Inhaltsverzeichnis 13

1   Entwicklung, Ist-Situation und Ausblick 17

2   Allgemeine Bewertungsgrundlangen 21
    2.1   Der Immobilienwert 21
    2.2   Anwendungsbereiche der Immobilienbewertung 22

3   Wertermittlung von bebauten und unbebauten Grundstücken in
Deutschland 25
    3.1   Anforderungen an einen Gutachter 25
        3.1.1   Die Arten der Sachverständigen in Deutschland 25
        3.1.1.1   Der freie oder selbsternannte Sachverständige ... 26
        3.1.1.2   Sachverständigen-Organisationen 27
        3.1.1.3   Wertermittlungsverfahren 29
        3.1.1.4   Der zertifizierte Sachverständige 30
        3.1.1.5   Der   öffentlich   bestellte   und   vereidigte
        Sachverständige 31
        3.1.2   Gutachterausschüsse 32
                Das Ortsgericht in Hessen 34
    3.2   Die wichtigsten Wertbegriffe 35
        3.2.1   Der Verkehrswertbegriff / der gemeine Wert 36
        3.2.2   Der Einheitswert / der Bedarfswert 40
        3.2.3   Der Beleihungswert 42
    3.3   Methoden   der   Wertermittlung   von   Immobilien   in
        Deutschland 44
        3.3.1   Das Vergleichswertverfahren 45
        3.3.1.1   Voraussetzungen für die Anwendung 46
        3.3.1.2   Methodik und Formel 48
        3.3.1.3   Kritik 51
        3.3.2   Das Sachwertverfahren 53
        3.3.2.1   Kritik 64

3.3.3   Das Ertragswertverfahren 66
   3.3.3.1   Voraussetzungen für die Anwendung 67
   3.3.3.2   Kritik 75
3.3.4   Die Verfahren im direkten Vergleich 79

4   Europäisches und Internationales Sachverständigenwesen 81
  4.1   International Valuation Standards Committee (IVSC) 82
  4.2   The European Group of Valuers Association (TEGoVA) ... 83
  4.3   The Royal Institution of Chartered Surveyors (RICS) 86
  4.4   Das „Red Book" 89

5   Wertdefinitionen 95
  5.1   Existing Use Value (EUV) 96
  5.2   Market Value (MV) 98
  5.3   Verkehrswert im Vergleich zum Market Value 98
  5.4   Depreciated Replacement Costs (DRC) 100
  5.5   Mortgage Lending Value (MLV; Beleihungswert) 101

6   Internationale Verfahren zur Wertermittlung von Immobilien 103
  6.1   Direct   Value   Comparison   Approach (Vergleichswertverfahren) 104
  6.2   The Cost Approach (Sachwertverfahren) 107
   6.2.1   Methodik 109
   6.2.2   Bewertung 113
   6.2.3   The Income Approach 1 (Investment Method; Ertragswertverfahren) 114
   6.2.4   Methodik bei Rack-Rented Properties 115
   6.2.5   Term & Reversion Approach / Top Slicing Approach 121
  6.3   The Income Approach 2 (Profits Method = Gewinnmethode) 125
   6.3.1   Methodik 127
   6.3.2   Bewertung, Kritik 128

6.4   Discounted Cash Flow (DCF = Barwertmethode) 129
   6.4.1   Methodik 132
   6.4.2   Bewertung, Kritik 133
6.5   The Residual Method (Residualwertmethode) 135
   6.5.1   Methodik 136
   6.5.2   Bewertung, Kritik 139

7   Bilanzielle Immobilienbewertung 143
   7.1   Revolution der Rechnungslegung 144
   7.2   Die IAS / IFRS und ihre zukünftige Bedeutung 145
   7.3   Unterschiede HGB, IAS bzw. US-GAAP 146

8   Veränderungen für Immobilienunternehmen durch IFRS 149
   8.1   Umfang des zu bilanzierenden Immobilienvermögens ... 150
   8.2   Erstanwendung IFRS 151
   8.3   Erfolgsneutrale Anpassung der Eröffnungsbilanzwerte . 151
   8.4   Fair Value Model – Auswirkung auf deutsche Unternehmen
           152

9   Abschließende Bewertung 155
   9.1   Zusammenfassung 155
   9.2   Fazit 159
       9.2.1   These 162

10 Literaturverzeichnis 163
11 Gesetze, Verordnungen und Richtlinien 177
12 Abkürzungsverzeichnis 179
13 Tabellenverzeichnis 181
14 Formelverzeichnis 183
15 Indexverzeichnis 185

1   Entwicklung, Ist-Situation und Ausblick

Im ersten Teil dieses Buches soll ein Überblick über das Sachverständigenwesen in Deutschland vermittelt werden. Es werden die Unterschiede zwischen freien, zertifizierten oder öffentlich bestellten und vereidigten Sachverständigen erläutert. Weiterhin werden die Aufgaben des Gutachterausschusses und beispielhaft eines Ortsgerichtes in Hessen, beschrieben.

Anschließend wird die deutsche Bewertungspraxis untersucht. Es werden die wichtigsten Wertbegriffe wie Verkehrswert, Beleihungswert und Einheitswert gegenübergestellt. In diesem Zusammenhang wird auf die Verfahren der Wertermittlung von Immobilien in Deutschland eingegangen. Nach §194 BauGB müssen sich deutsche Sachverständige an die folgenden Methoden der Wertermittlung halten, da nur diese bei Gericht und den Banken anerkannt sind.

Bei diesen etablierten bzw. sogenannten „renommierten" Verfahren handelt es sich um das Vergleichswertverfahren, das Sachwertverfahren und das Ertragswertverfahren. Hier werden schwerpunktmäßig die Voraussetzungen für deren Anwendung und die Beschreibung der Verfahren anhand der Methodik und der entsprechenden Formeln gegenübergestellt. Abschließend erfolgt nach Erläuterung der einzelnen Verfahren die persönliche Stellungnahme über die Verwendbarkeit der Methoden.

Der Übergang zur internationalen Immobilienbewertung wird anhand der Verfahren im nationalen Vergleich behandelt. Auch hier wird zunächst das europäische und internationale Sachverständigenwesen erläutert und die unterschiedlichen Institutionen wie die TEGoVA (The European Group of Valuers Associations), die IVSC (International Valuation Standards Committee) und die RICS (Royal Institution of Charted Surveyors) vorgestellt. Natürlich wird auch das „Red Book" als heilige Bibel der RICS gewürdigt.

Ausgehend von den Wertdefinitionen wie Existing Use Value (EUV), Market Value (MV), Depreciated Replacement Costs (DRC) und dem Mortgage Lending Value (MLV) erfolgt der Übergang auf die internationalen Wertermittlungsverfahren von Immobilien. Es hat sich gezeigt, dass inzwischen vor allem angelsächsische Wertansätze die weltweite Wertermittlungspraxis prägen. Von einer weitgehenden Identität britischer und internationaler Bewertungsstandards wird deshalb ausgegangen.

Bei den internationalen Wertermittlungsverfahren soll auch immer die Schnittstelle zu den deutschen Verfahren hergestellt werden. Nur so ist überhaupt die Vergleichbarkeit der jeweiligen internationalen Verfahren mit den deutschen möglich. So ist z.B. die Direct Value Comparison Approach das Gegenstück zum deutschen Vergleichswertverfahren. Das Cost Approach ist in Deutschland als Sachwertverfahren und das Income/Investment Approach als Ertragswertverfahren bekannt. Nur wer die Methodik und die kritische Würdigung dieser Verfahren kennt, kann objektive Vergleiche anstellen.

Zusätzlich werden auch andere, sog. „nicht renommierte" Verfahren behandelt. Sowohl in Deutschland als auch im internationalen Vergleich sind Bewertungsmethoden und Verfahren wie z.B. das Discounted Cash Flow (DCF-Verfahren) oder auch die Residual Methode bekannt. Auf die Unterschiede dieser Verfahren und deren Bewertung wird ebenfalls in diesem Kapitel eingegangen.

Ein weiterer Schwerpunkt dieses Buches ist die internationale Rechnungslegung. Dieses bearbeitete Thema ist sehr komplex und kann nur in Grundzügen angeschnitten werden. Sonderfälle wie die Ermittlung von Erbbaurechten, Wertermittlung von Grundstücken mit Rechten und Belastungen sowie Besonderheiten des Wohn- und Mietrechts bleiben in diesem Buch weitgehend unberücksichtigt.

Betrachtet wird der Zeitraum bis zum Jahr 2004. Neuere Entwicklungen, z.B., Red Book 6th Edition aus 2008, werden in diesem Buch nicht berücksichtigt und sind einer Folgeuntersuchung vorbehalten.

2   Allgemeine Bewertungsgrundlangen

2.1   Der Immobilienwert

Der Begriff „Immobilie" (immobil) stammt aus dem Lateinischen und beschreibt einen Zustand der Unbeweglichkeit. Der Gegensatz mobil beschreibt den Zustand der Beweglichkeit. Der Begriff „Immobilie" definiert also ein Objekt oder ein Wirtschaftsgut, das nicht bewegt werden kann und damit an einen bestimmten Ort gebunden ist.

In der deutschen Wertermittlung erfolgt die Trennung eines Objektes nach Grund und Boden und Gebäudesubstanz. Dies schreibt § 15 der WertV vor, der Wert der baulichen Anlagen, insbesondere der Gebäude, ist getrennt vom Bodenwert zu ermitteln. Es wird davon ausgegangen, dass Grund und Boden ein unendlich nutzbares Wirtschaftsgut darstellen, während die Gebäude nur endlich nutzbar sind.

Diese Trennung ist auch steuerrechtlich von Bedeutung, da nur das Gebäude, nicht aber der Bodenwert abgeschrieben werden darf. Im Bewertungsverfahren schlägt es sich in der Form nieder, dass die Gebäudeertragsteile nur entsprechend der Nutzungsdauer der baulichen Anlagen kapitalisiert werden, während der Bodenwert unendlich verzinst wird.[2]

Der Wert einer Immobilie hängt im Wesentlichen von der Einschätzung einzelner Wirtschaftssubjekte ab. So erwächst der Wert immer aus der Beziehung eines Subjekts zu einem Objekt. Erzielte bzw. erzielbare Preise spiegeln also nicht automatisch den objektiven Wert eines Objektes wieder, da eventuelle Interessen des Immobilienkäufers vorliegen, die für einen anderen Käufer gar nicht nachvollziehbar und wichtig sind.[3]

---

[2] Vgl. Rath: Wertermittlungspraxis, 4. Auflage, Neuwied (Luchterhand) 2003, S. 7.
[3] Vgl. Rössler, Langner, Simon, Kleiber: Schätzung und Ermittlung von Grundstückswerten, 6. Auflage, Neuwied (Luchterhand) 1990, S. 13.

Der Sachverständige ist angehalten, einen „neutralen" Wert einer Immobilie zu ermitteln. Hierbei bleiben nach der Definition des § 194 BauGB persönliche Interessen außer Betracht. Auf dieser Basis ergeben sich regelmäßig Differenzen zwischen dem Wert und dem Preis einer Immobilie.

Oftmals wird die Auffassung vertreten, dass erst eine Vielzahl vorliegender Marktpreise (Vergleichswerte) statistisch betrachtet zum objektiven Wert führen.[4] Man sollte allerdings immer beachten, dass Immobilien schwer vergleichbar sind. Die unikate Lage, die Ausstattung, sowie Art und Maß der baulichen Nutzung führen immer zu Abweichungen und somit zu einer objektiven Unvergleichbarkeit von Immobilien.

2.2   Anwendungsbereiche der Immobilienbewertung

Die objektive Immobilienbewertung spielt immer dann eine große Rolle, wenn es zu Käufen oder Verkäufen kommt. Bei Finanzierungen ist sie eine Entscheidungsgrundlage (Beleihungswert) und stellt damit eine wichtige Hürde dar. Bei Zwangsversteigerungen ist sie Grundlage für den Festsetzungsbeschluss.

Natürlich kommen Immobilienbewertungen regelmäßig bei Scheidungen, Erbschaftsangelegenheiten oder bei Schenkungen zur Anwendung. Das Finanzamt benötigt für die Bedarfswertermittlung (früher Einheitswert) ebenfalls einen objektiven Wert. Aber auch Unternehmen, Kapitalanlagegesellschaften wie z.B. Immobilienfonds, Versicherungen sowie die öffentliche Hand u.v.m., sind regelmäßig - auch bei der Bilanzerstellung - auf die objektive Wertfindung des Immobilienportfolios angewiesen.[5]

---

[4] Vgl. Rössler, Langner, Simon, Kleiber: Schätzung und Ermittlung von Grundstückswerten, 6. Auflage, Neuwied (Luchterhand) 1990, S. 11; vgl. Hettrich: Internationale Immobilienbewertung, Berlin (FHTW) 1998, S. 8.
[5] Vgl. Hettrich: Internationale Immobilienbewertung, Berlin (FHTW) 1998, S.7.

Hierbei ist in der Vergangenheit (durch Pauschalbewertung) erheblicher wirtschaftlicher Schaden entstanden. Durch Nachbewertung dieser Immobilien mussten bei Banken umfangreiche Bilanzkorrekturen durchgeführt werden, die zu erheblichen Aktienkurseinbrüchen geführt haben. Genau aus diesem Grund müssen alle Bestandsimmobilien bei Banken und Versicherungen und Immobilienfonds nach den Richtlinien Basel II alle drei Jahre nachbewertet oder schon früher bewertet werden, wenn sich Marktschwankungen von mehr als 10% des Bodenwertes ergeben.

3 Wertermittlung von bebauten und unbebauten Grundstücken in Deutschland

3.1 Anforderungen an einen Gutachter

In Deutschland werden Gutachten von verschiedenen Personengruppen erstellt. Diese werden nachfolgend aufgezählt und näher beschrieben. Die Rechtsgrundlage für die Erstellung von Gutachten ergibt sich aus den §§ 192 bis 199 des Baugesetzbuches (BauGB). Dieses Gesetz trat erstmals am 01. Juli 1987 in Kraft.

Ergänzt und verfeinert werden diese Rechtsgrundlagen durch die Verordnung über Grundsätze für die Wertermittlung von Grundstücken von 1988 (WertV 88) sowie durch die Wertermittlungsrichtlinien 1991 (WertR 91).[6]

3.1.1 Die Arten der Sachverständigen in Deutschland

Man unterscheidet in Deutschland grob drei Gruppen von Sachverständigen:

* der freie oder selbst ernannte Sachverständige

* der zertifizierte Sachverständige

* der öffentlich bestellte und vereidigte Sachverständige

* verpflichtete Sachverständige in Gutachterausschüssen

Tabelle 1: Unterschiedliche Gruppen von Sachverständigen

---

[6] Vgl. Kühne-Brüning, Heuer: Grundlagen der Wohnungs- und Immobilienwirtschaft, 3. Auflage, Frankfurt am Main (Knapp) 1994, S. 330; vgl. Stein, Birnbaum, Timmermann: Verfahren zur Wertermittlung von unbebauten und bebauten Grundstücken, Bad Dürrheim (Nann) 1998, S. 276.

Der Gesetzgeber hat weder bestimmt, wer sich in Deutschland als Sachverständiger bezeichnen kann, noch die Rechtsverhältnisse dieses Personenkreises geregelt.[7]

Sachverständige bedürfen in Deutschland für die Ausübung ihrer Tätigkeit keiner behördlichen Zulassung, keiner staatlichen Bestellung und keiner hoheitlichen Anerkennung und unterliegen keinem gesetzlich geregelten Pflichtenkatalog mit behördlicher Überwachung.[8]

Es existieren keine berufsrechtlichen Voraussetzungen für die Führung der Bezeichnung „Sachverständiger". Allerdings heißt das nicht, dass jeder, der sich sachkundig fühlt, mit dieser Bezeichnung auftreten und für seine Tätigkeit werben darf.

Jemand, der die Dienste eines Sachverständigen in Anspruch nimmt, erwartet von demjenigen, der sich als Sachverständiger bezeichnet, eine ihm selbst überlegene Sachkunde und damit Professionalität.

Der Bundesgerichtshof hat klargestellt, dass an Sachverständige hohe Anforderungen zu stellen sind. Erfüllt jemand die Mindestvoraussetzungen nicht, verstößt die Verwendung der Bezeichnung gegen das Wettbewerbsrecht, weil sie als irreführen betrachtet werden muss.[9]

3.1.1.1 Der freie oder selbsternannte Sachverständige

Derzeit werden Immobilienbewertungen in Deutschland zumeist von Architekten oder Bauingenieuren vorgenommen, was zur Folge

---

[7] Vgl. Wellmann: Der Sachverständige in der Praxis, 7. Auflage, München (Werner) 2004, S. 1.
[8] Vgl. Bleutge: Sachverständige, Inhalt und Pflichten ihrer öffentlichen Bestellung, 5. Auflage, Berlin (Deutscher Industrie- und Handelstag) 1999, S. 13.
[9] Vgl. Wellmann: Der Sachverständige in der Praxis, 7. Auflage, München (Werner) 2004, S. 4 – 5.

hat, dass der Schwerpunkt in den Gutachten oft zu sehr auf technische Aspekte gelegt wird. Es ist augenfällig, dass Architekten oftmals den Wert einer Immobilie mit dem Wert der Neuherstellung des Objektes verwechseln. Sie berücksichtigen häufig nicht, dass der Wert der Immobilie um einen Marktanpassungsfaktor korrigiert werden muss. Eine beispielhafte, identische Immobilie wird in Frankfurt/Oder in der Regel weniger Wert sein als in Frankfurt a. Main.

Das Vorhergesagte muss heute unbedingt beachtet werden, da die Nachfrage nach Immobilien in den einzelnen Bundesländern und verschiedenen Regionalmärkten völlig unterschiedlich ist. So kann man in den neuen Bundesländern die Zwangsversteigerungsverfahren als ein Indiz für eine sinkende Nachfrage erkennen. Früher wurde eine Immobilie fast immer im 1. Termin (7/10-tel Wert) versteigert. Heute gibt es häufig einen Zweittermin bzw. einen Wegfall der Wertklauseln, d.h. die Immobilie kann u.U. für 50% ihres Wertes ersteigert werden.

Ganz anders verhält es sich z.B. in Städten wie München. Hier eilt der Immobilienmarkt unterstützt von der demographischen Entwicklung seit Jahren von einem „Hoch" zum nächsten. Regionale Immobilienmarktkenntnisse sind für Sachverständige daher unerlässlich.

3.1.1.2 Sachverständigen-Organisationen

Es ist in Deutschland weder der Begriff des Sachverständigen gesetzlich definiert, noch existiert ein Berufsgesetz für Sachverständige, so dass jeder der über besondere Kenntnisse auf einem bestimmten Gebiet zu verfügen glaubt, sich als freier Sachverständiger bezeichnen kann. Um hier eine gewisse Transparenz und Si-

cherheit zu schaffen, sind freie und öffentlich bestellte Sachverständige in den unterschiedlichsten Verbänden organisiert:[10]

• Bundesverband Deutscher Grundstückssachverständiger e.
  V. (BDGS)

• Bundesverband öffentlich bestellter und vereidigter sowie
  qualifizierter Sachverständiger e. V. (BVS)

• Landesverbände öffentlich bestellter und vereidigter Sachverständiger e. V. (LVS)

• Union freier Sachverständiger e. V. (UfS)

• Deutscher Verband für Vermessungswesen (DVW)

• Bund der öffentlich bestellten Vermessungsingenieure
  (BDVI)

• Deutscher Verband Chartered Surveyors e. V. (DVCS).

Tabelle 2: Sachverständigen-Organisationen in Deutschland

Diese Verbände nehmen ein Mitglied erst dann auf und erkennen
es als Verbandssachverständigen an, wenn es bestimmte Anforderungen an die Vorbildung und Sachkunde erfüllt und persönlich
integer ist.

---

[10] Vgl. Kleiber, Simon, Weyers: Verkehrswertermittlung von Grundstücken, 3. Auflage, Köln
(Bundesanzeiger) 1998, S. 114 ff..

3.1.1.3 Wertermittlungsverfahren

Gemeinhin wird die Auffassung vertreten, dass die Wertermittlungsverfahren nach BauGB und WertV 88 für den privaten Sachverständigen nicht verbindlich seien, da diese Vorschriften gemäß § 192 Abs. 1 BauGB für selbstständige, unabhängige Gutachterausschüsse erlassen wurde.[11]

Die WertR 91 als eine Art Durchführungsverordnung zur WertV 88 besitzt zusätzlich Verbindlichkeit für bestimmte öffentliche Behörden, so dass die öffentlich bestellten und vereidigten Sachverständigen hiervon erfasst werden.[12]

Zunehmend setzt sich jedoch die Meinung durch, dass auch der freie Sachverständige an die Bestimmungen der genannten Verordnungen und Richtlinien gebunden sei. Dies ergibt sich aus der Pflicht des Sachverständigen, das Gutachten nach der auf dem Gebiet der Wertermittlung von Grundstücken gültigen *„Sachverständigenkunst"* zu erstellen. Dies impliziert die Annahme, dass der Gutachter die auf seinem Fachgebiet gültigen Regeln und Standards beherrscht und sich laufend über Neuentwicklungen auf seinem Gebiet informiert.

Die WertV 88 und die WertR 91 gehören zu den anerkannten Regeln der Schätzlehre und werden von den Gerichten als geltender Bewertungsgrundsatz angesehen, so dass sich deren Verbindlichkeit aus der geltenden Rechtsprechung ergibt.[13]

Aufgrund der Unklarheiten in dem Berufsbild bzw. der fachlichen Qualifikation der Sachverständigen sowie der strittigen Anwendbarkeit der Gesetzesgrundlagen besteht hier ein Handlungsbedarf

---

[11] Vgl. Rössler, Langner, Simon, Kleiber: Schätzung und Ermittlung von Grundstückswerten, 6. Auflage, Neuwied (Luchterhand) 1990, S. 35; vgl. Vogels: Grundstücks- und Gebäudebewertung – marktgerecht, 5. Auflage, Wiesbaden (Bauverlag) 1996, S. 212.
[12] Vgl. Müller: Die Bewertung von Immobilien, 2. Auflage, Wiesbaden (Gabler) 1997, S. 351; vgl. Zimmermann: Grundstücksbewertung, Bonn (Deutscher Anwaltverlag) 1997, S. 221 f..
[13] Vgl. Müller: Die Bewertung von Immobilien, 2. Auflage, Wiesbaden (Gabler) 1997, S. 351; vgl. Zimmermann: Grundstücksbewertung, Bonn (Deutscher Anwaltverlag) 1997, S. 221 f..

des Gesetzgebers. Rechtliche Rahmenbedingungen sollten modifiziert, eventuell neu geschaffen und klar gefasst werden.

3.1.1.4 Der zertifizierte Sachverständige

Um eine europäische Vereinheitlichung der Ansprüche an einen
qualifizierten Sachverständigen zu schaffen, ist ein Trend zur För-
derung zertifizierter Sachverständiger durch international aner-
kannte Verbände zu beobachten. Man hat sich auf europäischer
Ebene gegen das in Deutschland bewährte System der öffentlichen
Bestellung nach § 36 Gewerbeordnung entschieden und ein anders
geartetes Anerkennungsprinzip gewählt, das System der Akkreditierung (gegenseitige Anerkennung) und Zertifizierung. Es basiert
nicht auf gesetzlicher Grundlage, sondern auf der europäischen
Normenreihe EN 45000 ff. Legitimierte Zertifizierungsstellen ach-
ten dabei auf die Einhaltung einheitlicher Standards.[14]

Diese Entwicklung wird sich wohl auch weiterhin fortsetzten, um
der zunehmenden Globalisierung Rechnung zu tragen.[15]

Die bekanntesten akkreditierten Zertifizierungsstellen in Deutschland sind

- vom Institut für Sachverständigenwesen e. V. die IfS-Zert in
  Köln

- vom Wertermittlungsforum die WF-Zert in Sinzig

- die Hyp-Zert GmbH (eine Gründung der Hypothekenbanken)
  in Bonn, die sich unter dem Dach der Trägergemeinschaft

---

[14] Vgl. Die Legitimation von Personalzertifizierungsstellen erfolgt nach DIN EN 45013.
[15] Vgl. o. V.: Zertifizierung von Sachverständigen, Neuwied (GuG) 1998, Heft 3, S. 1.

für Akkreditierung GmbH (TGA) zusammengeschlossen haben.

Tabelle 3: Zertifizierungsstellen in Deutschland

3.1.1.5 Der öffentlich bestellte und vereidigte Sachverständige

Zum anderen besteht für Sachverständige die Möglichkeit der öffentlichen Bestellung und Vereidigung durch die Industrie- und Handelskammer oder die Ingenieur- und Architektenkammer. Die Anforderungsprofile sind hoch und zeigen, wie hochwertig eine Sachverständigenausbildung sein muss, um die Voraussetzungen für eine öffentliche Bestellung bei der IHK zu erfüllen.

Allerdings konnte beobachtet werden, dass die Anforderungsprofile von IHK zu IHK verschieden sind, was gegen die Maxime der Gleichbehandlung verstößt. So verlangte die IHK Kassel z.B. das Vorweisen eines Ingenieurtitels, wohingegen ein Fall bekannt ist, in dem die IHK Mönchengladbach jemanden ohne akademische Ausbildung zuließ. Es musste nur eine interne Prüfung vor dem IHK-Gremium abgelegt werden.

Folgende Unterschiede bestehen zwischen öffentlich bestellten und zertifizierten Sachverständigen:[16]

- Die öffentliche Bestellung beruht auf der Rechtsgrundlage des § 36 Gewerbeordnung. Der öffentlich bestellte Sachverständige unterliegt damit öffentlich rechtlicher Kontrolle. Die Personalzertifizierung auf der Grundlage von DIN EN 45013 begründet ein Vertragsverhältnis zwischen Zertifizierer und

---

[16] Vgl. Wellmann: Der Sachverständige in der Praxis, 7. Auflage, München (Werner) 2004, S. 10.

Sachverständigem. Die Überwachung des Sachverständigen basiert auf dieser vertraglichen Beziehung.

- Die Bezeichnung „öffentlich bestellter Sachverständiger" unterliegt dem strafrechtlichen Schutz des § 132a StGB.

- Öffentlich bestellte Sachverständige sind auf Grund der Prozessordnung in Gerichtsverfahren bevorzugt heranzuziehen.

- Öffentlich bestellte Sachverständige leisten einen Eid zur Bekräftigung ihrer Sachverständigenpflichten.

Tabelle 4: Unterscheidung öffentlich bestellter und zertifizierter Sachverständiger

3.1.2 Gutachterausschüsse

Bei der Wertermittlung von Grundstücken nehmen die Gutachterausschüsse eine zentrale Stellung ein. Der Gutachterausschuss ist bei der Kommune (bzw. beim Landratsamt) etabliert.

Jeder Kaufvertrag wird vom Notar gemäß den gesetzlichen Vorschriften dem Gutachterausschuss zugestellt. Dies ist in § 195 Abs. 1 BauGB geregelt, dass „... jeder Vertrag, durch den sich jemand verpflichtet, Eigentum an einem Grundstück gegen Entgelt, auch im Wege des Tausches, zu übertragen oder ein Erbbaurecht zu begründen, von der beurkundeten Stelle in Abschrift dem Gutachterausschuss zu übersenden ..." ist.

Der Gutachterausschuss hat die Aufgabe, eine „*Kaufpreissammlung*" anzulegen und die durchschnittlichen Kaufpreise in einer „*Richtwertkarte*" darzustellen, um Transparenz in den Grundstücksmarkt zu bringen und entsprechende, für die Verkehrswertermittlung wichtige, Daten herzuleiten.

Hervorzuheben sind hier die jährlich erhobenen Bodenrichtwerte[17] und die Liegenschaftszinssätze, welche in regelmäßigen Abständen, oft in Form von Grundstücksmarktberichten, veröffentlich werden.[18]

Ein häufig geäußerter Nachteil besteht in der Betrachtung der Vergangenheit. Die veröffentlichten Zahlen, wie zum Beispiel die Liegenschaftszinssätze, basieren teilweise schon auf zwei bis drei Jahre alten Daten und geben nicht den aktuellen Trend wieder.

Ein weiteres Problem ist, dass bei eigengenutzten bebauten Grundstücken häufig im notariellen Kaufvertrag keine Unterteilung des Kaufpreises in Grundstück und Gebäude erfolgt, da dies in der Regel steuerlich nicht von Bedeutung ist. Wie soll hier also der reine Grundstückspreis ermittelt werden?

Dieses Problem ergibt sich nicht, wenn z.B. Bauerwartungsland oder baureife Grundstücke verkauft werden. Die Bodenrichtwertkarte ist für unbebaute Grundstücke sicher nützlich, kann aber für Gebiete mit bebauten Grundstücken nur mit größter Vorsicht herangezogen werden. Die Bodenrichtwertkarte kann also nur sehr grobe Anhaltspunkte für aktuelle Bodenpreise liefern.

In den Gutachterausschüssen der Kommunen sitzen Personen der verschiedensten Ausbildungsberufe, u.a. vom Finanzamt. Die Erfahrung hat gezeigt, dass die Gutachten, die durch die Gutachterausschüsse erstellt wurden, häufig fehlerhaft waren. Dies ist auch nachvollziehbar, da die Mitglieder des Gutachterausschusses keine Ausbildung zum Sachverständigen absolvieren müssen und deshalb

---

[17] Vgl. § 196 Abs. 1 Satz 1 BauGB: „Auf Grund der Kaufpreissammlung sind für jedes Gemeindegebiet durchschnittliche Lagewerte für den Boden unter Berücksichtigung des unterschiedlichen Entwicklungszustandes, ..., zu ermitteln (Bodenrichtwerte).
[18] Vgl. Bischoff: Grundstückswertermittlung, Berlin (Grundeigentum) 1992, S. 81 ff.; vgl. Zimmermann: Grundstücksbewertung Bonn (Deutscher Anwaltverlag) 1997, S. 223.

kaum über Fachkompetenz verfügen, da die Gebiete des Sachverständigenwesens für sie artfremd sind.

3.1.3   Das Ortsgericht in Hessen

Neben dem vorgenanntem Personenkreis gibt es in Hessen noch das *„leidige"* Thema *„Ortsgericht"*. Die Ortsgerichte erstellen genau wie die Gutachterausschüsse und öffentlich bestellten Sachverständigen Gutachten bei Scheidungen, Erbauseinandersetzungen oder Zwangsversteigerungen.

Die Personen des Ortsgerichts werden von der Gemeinde vorgeschlagen und bestellt. Jedermann in einer Gemeinde kann sich für eine solche Tätigkeit aufstellen lassen.

Die fachliche Qualifikation der Personen ist nicht klar definiert. In der Regel besteht ein solches Team aus drei Personen. Den Vorsitz stellt immer ein Verwaltungsbeamter der Gemeinde. Die beiden „Beisitzer"/„Gutachter" werden – wie bereits erwähnt – aus den Einwohnern einer Gemeinde gewählt.

Das Ortsgericht Niederaula setzt sich z.B. aus einem Verwaltungsbeamten und den zwei Beisitzern, die von Beruf Straßenbauarbeiter und Fliesenleger sind, zusammen. Auf das Niveau der Gutachten soll am Schluss dieses Buches näher eingegangen werden.

Die Beobachtungen zeigen, dass in Hessen zunehmend mehr Banken und Rechtsanwälte diese Gutachten nicht mehr anerkennen. Viele Amtsgerichte, wie die Amtsgerichte in Fritzlar und Gießen, beauftragen mittlerweile keine Ortsgerichte mehr. Auch die Oberlandesgerichte (z.B. Frankfurt) weigern sich in vielen Fällen Gutachten von Ortsgerichten zu akzeptieren.

3.2   Die wichtigsten Wertbegriffe

Die deutsche Immobilienbewertung hat verschiedene Wertdefinitionen und Wertermittlungsmethoden, um den Wert eines Grundstückes zu beschreiben. Dies beruht auf den verschiedenen Gründen (Kauf, Verkauf, Finanzierung, Bilanzierung einer Immobilie) des Auftraggebers.

Neben dem häufig ermittelten Verkehrswert (Kauf, Verkauf), dem Beleihungswert (Finanzierung), dem Einheitswert (Bilanzierung/Besteuerung) gibt es den Versicherungs- bzw. Feuerversicherungswert (Neuherstellungswert des Gebäudes bei Brandschäden, ohne Grund und Boden).[19]

Die erste Frage eines Sachverständigen gegenüber seinem Auftraggeber sollte immer nach dem Grund und Zweck der Wertermittlung lauten. Dies ist deshalb so wichtig, da sich mit dem Bewertungszweck (Kauf, Beleihung, Feuerversicherungswert, Einheitswert oder zum Zwecke der Bilanzierung) die Vorgehensweise bei der Handhabung der Wertermittlung ergibt.

Bei Beleihungswertermittlungen muss der Sachverständige mit anderen Liegenschaftszinsen und Bewirtschaftungskosten arbeiten als z.B. beim Kauf oder Verkauf einer Immobilie.

Der Unterschied bei den genannten Vorgehensweisen liegt in der Nachhaltigkeit des Wertes einer Immobilie (Sicherheitsdenken der Banken, verbunden mit Abschlägen des Verkehrswertes) und dem Stichtagsprinzip bei der Verkehrswertermittlung mit aktuellem und historischem Datenmaterial bis zum Stichtag der Bewertung.

Eine Bewertung in die Zukunft ist nicht möglich und grundsätzlich verboten!

---

[19] Vgl. Bischoff: Grundstückswertermittlung, Berlin (Grundeigentum) 1992; S. 2 f.; vgl. Rössler, Langner, Simon, Kleiber: Schätzung und Ermittlung von Grundstückswerten, 6. Auflage, Neuwied (Luchterhand) 1990, S. 469.

Für eine Wertermittlung ist es sehr wesentlich, dass der Begriff des zu ermittelnden Wertes klar definiert ist. Auernhammer schreibt dazu in seinem Aufsatz[20]:

„Wenn man wissenschaftlich arbeitet, mit Denkproblemen sich beschäftigt, dann ist die Beherrschung des Definierens eine Selbstverständlichkeit. Definitionen, d. h. die eindeutige und vollständige Erklärung oder Festlegung von Bedeutungen, sind notwendige Voraussetzungen für jegliche Verständigung, sei es, um sich selbst oder einem Auftraggeber über schwierige Situationen oder Probleme Klarheit zu verschaffen."

Laut Gerardy, Möckel und Troff[21] benötigt man Grundstückswerte als Entscheidungshilfen in vielen Bereichen der Wirtschaft, Recht und Verwaltung.

„Ein Grundstück hat aber von sich aus keinen Wert. Sein Wert nimmt erst als Ergebnis einer Subjekt – Objekt-Beziehung Gestalt an; er entsteht durch die Bedürfnisse des Eigentümers bzw. eines oder mehrerer Interessenten, das Grundstück in einer bestimmten Weise zu nutzen, wobei es nicht nur um einen wirtschaftlichen Nutzen geht."

3.2.1 Der Verkehrswertbegriff / der gemeine Wert

Die Definition des *„gemeinen Werts"* im Bewertungsrecht (§ 9 BewG) ist trotz des unterschiedlichen Wortlauts inhaltlich mit dem in § 194 des Baugesetzbuches – BauGB – definierten Verkehrswert identisch.[22] Der gemeine Wert unterscheidet sich vom Verkehrs-

---

[20] Vgl. Auernhammer, Eberhard: Wert und Bewerten; einige grundsätzliche Gedanken zum Wertproblem (BauR) 1981, S. 139.
[21] Vgl. Gerardy, Möckel, Troff: Praxis der Grundstücksbewertung, Loseblattsammlung, Landsberg am Lech (Moderne Industrie) 2003, S. 1.1.1/1.
[22] Vgl. Kleiber, Simon, Weyers: Verkehrswertermittlung von Grundstücken, 3. Auflage, Köln (Bundesanzeiger) 1998, S. 95.

wert lediglich hinsichtlich des Wertermittlungsstichtags und der Ermittlungsmethodik.

„Nach den Vorschriften des Baugesetzbuches zur Wertermittlung wird gemäß § 194 BauGB der Verkehrswert durch den Preis bestimmt, der in dem Zeitpunkt, auf den sich die Ermittlung bezieht, im gewöhnlichen Geschäftsverkehr nach den rechtlichen Gegebenheiten und tatsächlichen Eigenschaften, der sonstigen Beschaffenheit und der Lage des Grundstücks oder des sonstigen Gegenstands der Wertermittlung ohne Rücksicht auf ungewöhnliche oder persönliche Verhältnisse zu erzielen ist".[23]

Bei der Verkehrswertdefinition sollen alle außergewöhnlichen Einflüsse, wie ungewöhnliche oder persönliche Verhältnisse[24], bei der Wertermittlung ausgeschlossen werden.[25] Hierbei sind folgende Kriterien zu beachten:

- Das Stichtagsprinzip, welches besagt, dass eine Verkehrswertermittlung sich stets nur auf einen bestimmten Stichtag beziehen darf. Dabei muss man den Begriff *„Wertermittlungsstichtag"* nicht allzu wörtlich nehmen, da sich der Wert einer Immobilie in der Regel nicht sprunghaft ändern wird.[26] Es dürfen nur die Faktoren berücksichtigt werden, die bis zu diesem Tag offenkundig sind und vom Sachverständigen beim Ortstermin in Augenschein genommen werden. Hierzu zählen insbesondere Mietverträge, Rechte in Abteilung II des Grundbuches, Bauschäden und Baumängel, u.a. Faktoren, die vorher oder bis zum Stichtag vorlagen oder vereinbart waren.

---

[23] Vgl. § 194 BauGB.
[24] Vgl. Gottschalk: Immobilienwertermittlung, 2. Auflage, München (C.H. Beck) 2003, S. 7.
[25] Vgl. Bischoff: Grundstückswertermittlung: Eine Einführung in die Praxis, Berlin (Grundeigentum) 1992, S. 27; §6 WertV.
[26] Vgl. Rath: Wertermittlungspraxis, 4. Auflage, Düsseldorf (Luchterhand) 2003, S. 3.

- Das Normalitätsprinzip: Hier dürfen nur Daten und Fakten berücksichtigt werden, die im normalen Geschäftsverkehr eine Rolle spielen. Das bedeutet, dass die maßgeblichen Umstände für Angebot und Nachfrage gelten (§ 3 Abs. 1 WertV). Es sind zur Ermittlung des Verkehrswertes die allgemeinen Wertverhältnisse auf dem Grundstücksmarkt zugrunde zu legen (§ 3 Abs. 1 WertV). Ein Kaufpreis, der sich dadurch ergibt, dass eine große Nachfrage auf ein kleines Angebot trifft, z.B. aus großem Mittelzufluss entstandener Anlagedruck bei Immobilienfonds, spiegelt nicht den Verkehrswert wider, da „ungewöhnliche Verhältnisse" vorliegen.[27] Ein Verkehrswert im Sinne der Legaldefinition setzt einen ausgeglichen Markt voraus, d. h. eine ausreichende Anzahl von Nachfragern steht einem unbegrenzten Angebot gegenüber. Unter dem gewöhnlichen Geschäftsverkehr wird dabei der Handel auf einem freien Markt verstanden, wobei weder Käufer noch Verkäufer unter Zeitdruck, Zwang oder Not stehen und allein objektive Maßstäbe gelten.[28]'

- Beim Realitätsprinzip werden nur die Tatsachen (Mietverträge, Schäden, Instandhaltungsstaus) berücksichtigt, die am Wertermittlungsstichtag vorliegen. Dies betrifft insbesondere bestehende Mietverträge sowie Rechte und Belastungen an Grundstücken. Die Gesamtheit der die Verkehrswerte beeinflussenden Gegebenheiten, der tatsächlichen Eigenschaft, der Lage, des Entwicklungszustandes des Grundstückes, der Art und dem Maß der baulichen Nutzung sowie der Rechte und Belastungen (§ 3 Abs. 2 WertV).[29] Zu den tatsächlichen Eigenschaften eines Gebäudes gehören Funktionalität, Flexibilität und Wirtschaftlichkeit eines Gebäudes, sowie gegebene und mögliche Nutzung.[30] Gegenstand der Wertermittlung

[27] Vgl. Rath: Wertermittlungspraxis, 4. Auflage, Düsseldorf (Luchterhand) 2003, S. 3.
[28] [28] Vgl. Thomas, Leopoldsberger, Walbröhl: Immobilienbewertung, München (Oldenbourg) 2000, S. 386.
[29] Vgl. Gottschalk: Immobilienwertermittlung, 2. Auflage, München (C.H. Beck) 2003, S. 7 – 8.
[30] Vgl. Rath: Wertermittlungspraxis, 4. Auflage, Düsseldorf (Luchterhand) 2003, S. 4.

ist das Grundstück oder Grundstücksanteile sowie deren Gebäude und Außenanlagen (§ 2 WertV).

- Beim Objektivitätsprinzip dürfen persönliche Umstände keine
  Rolle bei der Preisbestimmung spielen.[31] Dies gilt auch für
  ungewöhnliche Umstände der beteiligten Parteien. Diese
  Verhältnisse dürfen die Preisbestimmung nicht beeinflussen
  (§ 6 WertV).

Tabelle 5: Kriterien bei der Verkehrswertbestimmung

Laut Sommer/Piehler ist der Verkehrswert die Prognose eines Inte-
ressenausgleichs.[32] Der Verkehrswert soll zu einem Preis führen,
wobei eine Marktsituation unter Konkurrenzbedingungen unterstellt
wird.

Die Preisprognose bezieht sich auf einen Bewertungsstichtag, wobei bei der Bewertung die schon oben angegebenen Gegebenheiten und Eigenschaften berücksichtigt werden müssen.

Hinsichtlich der Genauigkeit von Verkehrswertermittlungen ist
festzuhalten, dass der Verkehrswert keine mathematisch genau
ermittelbare Größe ist. Das Element der Schätzung spielt dabei
eine nicht unbeträchtliche Rolle. Verschiedene Gutachter kommen
bei der Bewertung eines Grundstückes zum selben Bewertungsstichtag in der Regel zu voneinander abweichenden gutachterli-
chen Ergebnissen. In der Rechtsprechung wird von einem Genauigkeitsgrad von bis zu ± 20 bis ± 30% ausgegangen.[33] Daher werden die ermittelten Verkehrswerte auch auf- bzw. abgerundet.

Laut Sprengnetter ist eine praktikable Interpretation des Verkehrswertes schwierig. Deshalb schlägt er als vereinfachte Defini-

---

[31] Vgl. Müller: Die Bewertung von Immobilien, 2. Auflage, Wiesbaden (Gabler) 1997, S. 351 f..
[32] Vgl. Sommer, Piehler: Grundstücks- und Gebäudewertermittlung, Bonn (Haufe) 2003, Band I, Gruppe 3.6, S. 2.
[33] Vgl. Thomas, Leopoldsberger, Wahlbröhl: Immobilienbewertung, 2. Auflage, München (Oldenbourg) 2000, S. 387.

tion vor, den Verkehrswertbegriff hinsichtlich der Verfahrenswahl und der Verfahrensansätze zu veranschaulichen:

„Der Verkehrswert ist der wahrscheinlichste Kaufpreis im nächsten (fiktiv unterstellten) Kauffall".[34]

Der Verkehrswert ist aber nicht mit dem Kaufpreis gleichzusetzen. Der Kaufpreis ist lediglich ein subjektives Maß für den Verkehrswert. Der Verkäufer versucht den höchstmöglichen Preis zu erzielen, der Käufer will möglichst wenig bezahlen.

Der Grundstückskäufer geht bei der Bemessung des Kaufpreises meistens vom Nutzen wie Reinertrag, Wertzuwachs, steuerliche Entlastung, usw. aus, den er durch den Erwerb des Objektes hat. Durch die Kapitalisierung des Reinertrages kommt er auf seinen Wert. Je größer dieser ist und je geringer das Zinsniveau/der Kapitalisierungszinssatz ist, umso höher ist in der Regel der Preis, der dem Verkäufer geboten wird. Demgegenüber ergibt sich der Verkehrswert aus der Angebots- und Nachfragesituation auf dem Grundstücksmarkt.[35]

3.2.2 Der Einheitswert / der Bedarfswert

Der Fiskus bedient sich der Immobilienbewertung hauptsächlich für steuerliche Zwecke. Hierbei ermittelt man nicht den Verkehrswert, sondern den Einheitswert/Bedarfswert. Dieser definiert sich wie folgt:

„Der Einheitswert ist nach den pauschalierenden Methoden des steuerlichen Bewertungsrechts, auf einen zurückliegenden Haupt-

---

[34] Vgl. Sprengnetter: Handbuch zur Ermittlung von Grundstückswerten, Loseblattsammlung, Sinzig (Wertermittlungsforum) 2003, Band IV, Teil 2, Kapitel 6, Seite 2/6/2/1.
[35] Vgl. Kleiber, Simon, Weyers: Verkehrswertermittlung von Grundstücken, 3. Auflage, Köln (Bundesanzeiger) 1998, S. 97 – 98.

Der Verkehrswert und *„gemeine Wert"* stellen sinngemäß identische Begriffe dar. In der Praxis ergeben sich dennoch Unterschiede hinsichtlich der Bewertungsmethodik und des Wertermittlungsstichtags.

Die steuerliche Einheitsbewertung ist eine pauschalierte Massenbewertung.[37] Die Einheitsbewertung diente in der Vergangenheit als Bemessungsgrundlage für die Grundsteuer, die Erbschafts- und Schenkungssteuer.

Als Bewertungsstichtag war bei der Ermittlung der Einheitswerte der 01.01.1964 festgelegt worden. Da durch diese Festlegung ein Haus, welches z.B. 1967 gebaut wurde, den gleichen Einheitswert hatte wie ein Haus, das in den 1990-ger Jahren gebaut wurde, obwohl beide Häuser unterschiedliche Verkehrswerte hatten, kam es zur steuerlichen Bevorzugung der Anlageform „Immobilie" gegenüber anderen Anlageformen. Dies führte in Folge zu einer Diskussion über die Verfassungsmäßigkeit der Erhebung einheitswertabhängiger Steuern.[38]

Aufgrund einer Entscheidung des Bundesverfassungsgerichts am 18. August 1995, das hiermit einen Verstoß gegen den Gleichheitsgrundsatz sah, wurde der so errechnete Einheitswert als verfassungswidrig angesehen. Der Gesetzgeber fand 1996 folgende Lösung:

---

[36] Vgl. § 9 BewG; vgl. Kleiber, Simon, Weyers: Verkehrswertermittlung von Grundstücken, 3. Auflage, Köln (Bundesanzeiger) 1998, S. 93.
[37] Vgl. Rössler, Langner, Simon, Kleiber: Schätzung und Ermittlung von Grundstückswerten, 6. Auflage, Neuwied (Luchterhand) 1990, S. 15; vgl. Thomas, Leopoldsberger, Walbröhl: Immobilienbewertung, 2. Auflage, München (Oldenbourg) 2000, S. 390.
[38] Vgl. Thomas, Leopoldsberger, Walbröhl: Immobilienbewertung, 2. Auflage, München (Oldenbourg) 2000, S. 390

Zur Berechnung der Grundsteuer werden die bisherigen Einheits-werte herangezogen. Für die Zwecke der Grunderwerbssteuer und der Erbschafts- und Schenkungssteuer wurde eine Bedarfsbewer-tung eingeführt. Hierbei handelt es sich um ein vereinfachtes Er-tragswertverfahren. Der Wert des Grundstücks errechnet sich aus dem Zwölfeinhalbfachen der aus den letzten drei Jahren vor dem Besteuerungszeitpunkt durchschnittlich erzielten Jahresmiete ab-züglich der Alterswertminderung.

3.2.3 Der Beleihungswert

Kreditinstitute lassen bei der Finanzierung einer Immobilie entwe-der gleich den Beleihungswert ermitteln oder den Verkehrswert, bei dem die Bank intern einen Sicherheitsabschlag durchführt und so den Beleihungswert erhält. Der Abschlag beträgt etwa 30%, dies entspricht auch dem 7/10-tel Wert bei Zwangsversteigerungs-verfahren.

In der einschlägigen Literatur wird zwar von einem Risikoabschlag von 10–20% ausgegangen[39], die persönliche Erfahrung zeigt aber, dass die Banken eine Minderung um 30% berücksichtigen.

Der Beleihungswert ist gesetzlich nicht definiert, entspricht jedoch dem Begriff des nachhaltig erzielbaren Verkaufswertes, es handelt sich um einen *„Dauerwert"*. Rechtsgrundlage für die Ermittlung des Beleihungswertes für die Hypothekenbanken ist das Hypotheken-bankengesetz. In § 12 Abs. 1 des Hypothekenbankengesetzes (HBG) heißt es:

„Der bei der Beleihung angenommene Wert des Grundstücks darf den durch sorgfältige Ermittlung festgestellten Verkehrswert nicht

---

[39] Vgl. Kleiber, Simon, Weyers: Verkehrswertermittlung von Grundstücken, 3. Auflage, Köln (Bundesanzeiger) 1998, S. 271.

übersteigen. Bei der Feststellung dieses Wertes sind nur die dauernden Eigenschaften des Grundstückes und der Ertrag zu berücksichtigen, welchen das Grundstück bei ordnungsgemäßer Wirtschaft jedem Besitzer nachhaltig gewähren kann."

Abgeleitet wird der Beleihungswert von dem Verkehrswert bzw. Verkaufswert. Dabei enthält die Definition des Verkaufswerts mit dem Verkehrswert übereinstimmende Kennzeichen, denn auch der durch das Ertragswertverfahren abgeleitete Verkehrswert berücksichtigt den *„nachhaltig"* erzielbaren jährlichen Reinertrag, die Restnutzungsdauer bei *„ordnungsgemäßer Unterhaltung und Bewirtschaftung"*, die bei *„gewöhnlicher"* Bewirtschaftung *„nachhaltig entstehenden Verwaltungs-, Betriebs- und Instandhaltungskosten sowie das übliche Mietausfallwagnis"*.[40]

Der BGH hat im Urteil vom 28.06.1996 die Gleichung Verkaufswert = Verkehrswert aufgestellt. Zur Absicherung des Risikos müssen jedoch ausreichende, individuelle Sicherheitsabschläge vorgenommen werden, d.h. der Beleihungswert ist also der Verkehrswert gemindert um einen Risikoabschlag.[41] Hierdurch wird eine Minderung des Kreditrisikos grundpfandrechtlicher Darlehen bewirkt.

Wesentlich ist, dass der Verkehrswert sich eher am derzeitigen Marktgeschehen orientiert, wo hingegen der Beleihungswert als nachhaltig und konservativ einzustufen ist. Er stellt einen Wert dar, der auch bei ungünstiger Marktlage auf dem Grundstücksmarkt im freihändigen Verkauf mindestens realisiert werden kann.[42]

---

[40] Vgl. Kleiber, Simon, Weyers: Verkehrswertermittlung von Grundstücken, 3. Auflage, Köln (Bundesanzeiger) 1998, S. 270.
[41] Vgl. Kleiber, Simon, Weyers: Verkehrswertermittlung von Grundstücken, 3. Auflage, Köln (Bundesanzeiger) 1998, S. 95, 269.
[42] Vgl. Hettrich: Internationale Immobilienbewertung, Berlin (FHTW) 1998, S. 11 f.; Thomas, Leopoldsberger, Walbröhl: Immobilienbewertung, München (Oldenbourg) 2000, S. 388.

3.3 Methoden der Wertermittlung von Immobilien in Deutschland

In Deutschland werden zur Verkehrswertermittlung nur drei Verfahren angewandt:

- Vergleichswertverfahren

- Sachwertverfahren

- Ertragswertverfahren

Tabelle 6: Die Verfahren zur Verkehrswertermittlung in Deutschland

Die Anwendung dieser Verfahren ist in der WertV geregelt, sie werden auch als *„normierte Verfahren"* bezeichnet. Die Verfahren führen nicht unmittelbar zum Verkehrswert. Der Sachverständige muss nach § 7 Abs. 2 WertV 88 jeweils begründet entscheiden, welches Verfahren er bevorzugt anwendet.

Bei der Benutzung mehrerer Verfahren ist der Verkehrswert aus deren Ergebnissen unter Würdigung ihrer Gewichtung zu errechnen, wobei die Abweichung der Ergebnisse höchstens 5% betragen darf (bei Gericht werden Abweichungen bis ± 10% akzeptiert).

In der Vergangenheit wurde oftmals die Berliner Methode angewandt. Hierbei wurde der Verkehrswert des Grundstücks aus dem arithmetischen Mitteln aus Ertrags- und Sachwert ermittelt. Das bloße Bilden eines Mittelwertes (Berliner Verfahren) ist in der Regel sachlich nicht begründbar und zu unterlassen.[43] Dies wird aber immer noch fälschlicherweise von vielen Sachverständigen angewendet, obwohl diese Aspekte bereits ihren Niederschlag in der Rechtsprechung des BGH gefunden haben.

---

[43] Vgl. § 7 WertV 88; Kleiber, Simon Weyers: Verkehrswertermittlung von Grundstücken, 3. Auflage, Köln (Bundesanzeiger) 1998, S. 630.

Der BGH hat im Hinblick auf die zumeist einem bestimmten Wertermittlungsverfahren vorbehaltene Nutzung einer Immobilie ausgeführt[44]:

„In solchen Fällen lässt sich der Verkehrswert nur entweder nach dem Ertragswert oder nach dem Sachwert bestimmen, zumindest muss einer der Größen den Vorrang haben, während die anderen nur zur Wertkorrektur im beschränken Rahmen herangezogen werden dürfen. "

Gemeinsame Grundlage aller drei traditionellen Werte ist der Bodenwert. Dieser muss daher immer vorab ermittelt werden, egal für welche Bewertungsmethode man sich entscheidet.

3.3.1 Das Vergleichswertverfahren

Das Vergleichswertverfahren ist nur dann ein zuverlässiges und geeignetes Verfahren zu Ermittlung eines Immobilienwertes, insbesondere des Bodenwertes, wenn die Bewertungskriterien vollkommen übereinstimmen. Deshalb ist der vorrangige Anwendungsbereich des Vergleichswertverfahrens die Bodenwertermittlung, die Ermittlung der ortsüblichen Vergleichsmiete und die Bewertung von Wohnungs- und Teileigentum.[45] Bei anderen Bauobjekten fehlen in der Regel die geeigneten, direkt vergleichbaren zuzuordnenden Objekte.

Das Vergleichswertverfahren ist in den §§ 13 und 14 der WertV 88 geregelt, wobei der Verkehrswert als Mittelwert aus Kaufpreisen vergleichbarer Bewertungsprojekte hergeleitet wird. Es ist somit

---

[44] Vgl. Kleiber, Simon, Weyers: Verkehrswertermittlung von Grundstücken, 3. Auflage, Köln (Bundesanzeiger) 1998, S. 630.
[45] Vgl. Sprengnetter: Handbuch zur Ermittlung von Grundstückswerten, Loseblattsammlung, Sinzig (Wertermittlungsforum) 2003, Band IV, Teil 2, Kap. 6, 2/6/3/13.

das „marktorientierteste" Verfahren im Anwendungsbereich der WertV 88.

3.3.1.1 Voraussetzungen für die Anwendung

Das Vergleichswertverfahren lässt sich nahezu allen Bereichen des Grundstücksmarktes anwenden. Bei der Heranziehung von Vergleichswerten gibt es drei Vergleichsebenen:

*   Vergleichbarkeit des Bodens

*   Vergleichbarkeit der Baulichkeiten

*   Vergleichbarkeit der Marktsituation.[46]

Tabelle 7: Die drei Vergleichsebenen des Vergleichswertverfahrens

Für das Vergleichsverfahren muss es genügend wertermittlungsstichtagsnahe Vergleichsfälle geben. Die Meinungen sind unterschiedlich, wie viele vergleichbare Grundstücke vorliegen müssen (7 – 30 notwendige Vergleichswerte).

Da Sachverständige nur in den seltensten Fällen genügend Vergleichswerte zur Verfügung haben, benutzen sie meistens die Richtpreise und Vergleichsfaktoren der Gutachterausschüsse. Bei unbebauten Grundstücken erhält man vergleichbare Werte für den Boden durch die Bodenrichtwertsammlung der Gutachterausschüsse.

---

[46] Vgl. Sommer, Piehler: Grundstücks- und Gebäudewertermittlung, Loseblattsammlung, Bonn (Haufe) 2003, Gruppe 3.5, Seite 2.

Gemäß § 13 Abs. 1 WertV 88 sind *„nur Kaufpreise solcher Grundstücke zum Vergleich heranzuziehen, die hinsichtlich der ihren Wert beeinflussenden Merkmale mit dem zu bewertenden Grundstück hinreichend übereinstimmen."*

Inwieweit eine hinreichende Übereinstimmung vorliegt, ist durch die geltende Rechtsprechung geregelt. Demnach sollen laut BGH als Vergleichsmerkmale:

- bei Vergleichsgrundstücken die Kriterien Lage[47] (Ortslage, Grundstückslage), Art und Maß der baulichen Nutzung, Bodenbeschaffenheit, Größe[48] und Zuschnitt des Grundstücks, Erschließungszustand, Umgebungsinfrastruktur und demographische Struktur herangezogen werden.

- bei baulichen Anlagen das Alter, Bauzustand und Ertrag Übereinstimmungen aufweisen. [49]

Tabelle 8: Heranzuziehende Vergleichsmerkmale für eine hinreichende Übereinstimmung beim Vergleichswertverfahren

Sommer/Piehler nennen als Vergleichsmerkmale die Art, Beschaffenheit, Größe, Ausstattung und Lage des Gebäudes sowie Besonderheiten und Außenanlagen.[50]

Bei der Vergleichbarkeit der Marktsituation muss untersucht werden, ob Angebot und Nachfrage vergleichbar sind. Nur selten liegen Vergleichsgrundstücke vor, die in allen Merkmalen mit dem zu

---

[47] Vgl. Anmerkung: § 13 Abs. 1 Satz 2 WertV88: „Finden sich in dem Gebiet, in dem das Grundstück gelegen ist nicht genügend Kaufpreise, können auch Vergleichsgrundstücke aus vergleichbaren Gebieten herangezogen werden."
[48] Vgl. Sommer, Piehler: Grundstücks- und Gebäudewertermittlung, Loseblattsammlung, Bonn (Haufe) 2003, Gruppe 3.5, S. 2.
[49] Vgl. Kleiber, Simon, Weyers: Verkehrswertermittlung von Grundstücken, 3. Auflage, Köln (Bundesanzeiger) 1998, S. 717; § 12 Abs. 1 WertV88; vgl. Thomas, Leopoldsberger, Walbröhl: Immobilienbewertung, 2. Auflage, München (Oldenbourg) 2000, s. 395 ff..
[50] Vgl. Sommer, Piehler: Grundstücks- und Gebäudewertermittlung, Loseblattsammlung, Bonn (Haufe) 2003, Gruppe 3.5, S. 3.

bewertenden Objekt übereinstimmen. Deshalb müssen gewisse Abweichungen akzeptiert werden.

Bei unterschiedlichen Objekten darf man nach § 14 WertV 88 auch Abschläge machen. Diese Abschläge dürfen eine Größenordnung von 30% nicht übersteigen.[51]

Bei unterschiedlichen Grundstücksgrößen oder bei unterschiedlicher Geschossflächenzahl (GFZ)[52] wird mit Hilfe von Umrechnungskoeffizienten[53] der Bodenwert / Richtwert angepasst. Die Umrechnungskoeffizienten werden von den Gutachterausschüssen überarbeitet und dem Markt angepasst.[54]

Das Vergleichswertverfahren darf nur angewendet werden, wenn die Vergleichspreise in einem Betrachtungszeitraum liegen, der dem Wertermittlungsstichtag möglichst nahe kommt. Allerdings lassen sich Probleme mit der zeitlichen Nähe zwischen Kaufpreisvereinbarungen und Wertermittlungsstichtag sachgerecht über eine indexbezogene Umrechnung beseitigen[55], dies erscheint aber als Grundlage der Vergleichswertermittlung nur selten sinnvoll.[56]

3.3.1.2 Methodik und Formel

Der Vergleichswert eines Objektes wird aus dem arithmetischen Mittel aller Vergleichsfälle abgeleitet:

---

[51] Vgl. Kleiber, Simon, Weyers: Verkehrswertermittlung von Grundstücken, 3. Auflage, Köln (Bundesanzeiger) 1998, S. 764.
[52] Vgl. § 20 Abs. 2 BauNVO: „Die Geschossflächenzahl gibt an, wie viel Quadratmeter Geschossfläche je Quadratmeter Grundstücksfläche … zulässig sind."; Fickert, Fieseier: Benutzungsverordnung, 8. Auflage, Köln (Deutscher Gemeindeverlag / Kohlhammer) 1995, S. 998: GFZ = zulässige Geschossfläche: anrechenbare Fläche des Baugrundstücks.
[53] Vgl. § 10 WertV 88.
[54] Vgl. Nr. 6.1.4 WertR 91.
[55] Vgl. § 9 WertV 88.
[56] Vgl. Kleiber, Simon, Weyers: Verkehrswertermittlung von Grundstücken, 3. Auflage, Köln (Bundesanzeiger) 1998, S. 639 f.

$$x = \frac{\sum x_i}{m}$$

x = Vergleichspreis
m = Anzahl der Vergleichspreise
x = Mittelwert aller Vergleichspreise[57]

Dieser Mittelwert repräsentiert den Vergleichswert, es sei denn aufgrund unterschiedlicher Grundstücksmerkmale müssen Anpassungen gemäß § 14 WertV 88 vorgenommen werden.

Insbesondere zur Ermittlung des Bodenwertes wird häufig eine Anpassung an das Maß der baulichen Nutzung notwendig. Die Umrechnung erfolgt auf Basis der Umrechnungskoeffizienten nach folgender Formel:

$$BW = x \cdot \frac{U_{BW}}{U_x}$$

BW = Bodenwert (Vergleichswert)
x = Mittelwert aller Vergleichspreise
UBW = Umrechnungskoeffizient für den zu ermittelnden Bodenwert bei entsprechender GFZ
Ux = Umrechnungskoeffizient für mittleren Vergleichspreis bei entsprechender GFZ

Zusätzlich sollten andere Wertermittlungsverfahren sowie aktuelle Marktverhältnisse zur Ermittlung des Verkehrswertes einbezogen und eventuelle Anpassungen vorgenommen werden.[58]

Das folgende Schema soll das Vergleichswertverfahren bei bebauten Grundstücken verdeutlichen[59]:

---

[57] Vgl. Kleiber, Simon, Weyers: Verkehrswertermittlung von Grundstücken, 3. Auflage, Köln (Bundesanzeiger) 1998, S. 639 f..
[58] Vgl. Kleiber, Simon, Weyers: Verkehrswertermittlung von Grundstücken, 3. Auflage, Köln (Bundesanzeiger) 1998, S. 604 ff..

Wertermittlung bebauter Grundstücke
mittels Vergleichsfaktoren

Ertragsfaktorenvergleich
Auf Grundlage der
- Roherträge
- Reinerträge

Gebäudefaktorenvergleich
Auf Grundlage der
-Flächen
- Kubatur

Sofern ausschließlich für das Gebäude ermittelt:
zuzüglich Bodenwert

ermittelt auf Grundlage von

- Vergleichspreisen
- Bodenrichtwerten
- Korrektur wegen abweichender allgemeiner Wertverhältnisse auf dem Grundstücksmarkt
- Korrektur wegen abweichendem Grundstückszustand
- Korrektur wegen persönlicher bzw. ungewöhnlicher Verhältnisse

Vergleichswert des Grundstücks

Unter Umständen ist der Vergleichswert mit dem Verkehrswert identisch

Unter Umständen erforderlich: Anpassung an die Marktlage oder / und Heranziehung anderer Verfahrensergebnisse

Verkehrswert des Grundstücks

---

[59] Vgl. Leopoldsberger: Kontinuierliche Wertermittlung von Immobilien, Köln (Müller) 1999; vgl. Bauakademie: Verkehrswert nach WertV und andere Verfahren, Berlin (VDH) 2003, S. 27.

3.3.1.3 Kritik

Unstrittig ist, dass es sich beim dem Vergleichswertverfahren um eine sehr einfache und nachvollziehbare Wertermittlungsmethode handelt, die als marktnahes Verfahren gesehen wird. In der Regel ist aber eine Vergleichbarkeit auf allen drei Vergleichsebenen nicht gegeben. Es gibt höchstens für die Bodenwertermittlung vergleichbare Werte, da sich hierfür in Deutschland keine anderen normierten Verfahren bieten.[60] Bereits bei der Bewertung einer Eigentumswohnung kommt man kaum zu wissenschaftlich fundierten Ergebnissen, sobald die Eigentumswohnungen in unterschiedlichen Gebäuden sind.

In der Praxis ist es häufig sehr schwierig oder gar nicht möglich, geeignete Vergleichswerte zu erhalten.[61] Je weiter man auf das „ *Land*" geht, desto schwieriger ist es, Vergleichswerte zu erhalten.

In Großstädten wie München, Stuttgart, Frankfurt, Köln, Düsseldorf, Hamburg und Berlin gibt es diese Probleme nicht. Hier liegen zuverlässige Grundstücksmarktberichte vor. Es sollte dennoch beachtet werden, dass die zu Grunde liegenden Daten immer auf einer Vergangenheitsbetrachtung resultieren. Insofern ist es je nach Aktualität der Daten fraglich, inwieweit das aktuelle Marktgeschehen erfasst wird.

Deshalb kommt das direkte Vergleichswert- bzw. Vergleichspreisverfahren zur Bewertung bebauter Grundstücke in der Praxis äußerst selten zur Anwendung. Von der generellen Anwendung des Vergleichswertverfahrens bei bebauten Grundstücken wird deshalb

---

[60] Vgl. Bischoff: Grundstückswertermittlung: eine Einführung in die Praxis, Berlin (Grundeigentum) 1992, S. 54; vgl. Thomas, Leopoldsberger, Walbröhl: Immobilienbewertung, 2. Auflage, München (Oldenbourg) 2000, S. 400.
[61] Vgl. Bischoff: Grundstückswertermittlung: eine Einführung in die Praxis, Berlin (Grundeigentum) 1992, S. 54; vgl. Thomas, Leopoldsberger, Walbröhl: Immobilienbewertung, 2. Auflage, München (Oldenbourg), 2000 S. 400.

aufgrund der teilweise deutlichen Unterschiede der baulichen Anlagen soweit der wertbestimmenden Merkmale gewarnt.[62]

Wesentlich häufiger wird dagegen das zweistufige Vergleichsfaktorverfahren verwendet, siehe § 13 Abs. 2 i. V. m. § 12 WertV. Im ersten Schritt werden aus Vergleichskaufpreisen Vergleichsfaktoren abgeleitet wie Bodenrichtwerte, Mietspiegelmieten und Vergleichsfaktoren für Wohneigentum. Im zweiten Schritt wird dann der Wert auf der Grundlage dieser Faktoren ermittelt.[63] Dabei gliedern sich die Vergleichsfaktoren in Ertragsfaktoren und Gebäudefaktoren.

Die Wertermittlung mittels Ertragsfaktoren ist in § 12 Abs. 2 Satz 1 WertV geregelt: *„Ertragsfaktoren lassen sich aus den Kaufpreisen und den nachhaltig erzielbaren Erträgen errechnen.“* Die Verordnung lässt allerdings offen, ob die Ertragsfaktoren für das Grundstück in seiner Gesamtheit oder ausschließlich für das Gebäude bzw. ob die Ertragsfaktoren auf Basis der Jahresreinerträge oder der Jahresroherträge zu ermitteln sind.

Der Begriff des Gebäudefaktors ist irreführend, da auch diese Vergleichsfaktoren für Gebäude einschließlich der anteiligen Grundstücksfläche oder ausschließlich für den Gebäudeanteil berechnet werden können. Der Ausdruck Gebäudefaktor ist ebenfalls in § 12 WertV definiert und leitet sich daraus ab, dass als Bezugsgröße eine Raum- oder Flächeneinheit des Gebäudes gewählt werden kann. Die Art der Bezugseinheit ist vom Gesetzgeber nicht vorgeschrieben.[64]

Generell lässt sich festhalten, dass die Wertermittlung über Vergleichsfaktoren gut als einfache Gegenkontrollrechnung zur Über-

[62] Vgl. Zimmermann, Heller: Der Verkehrswert von Grundstücken, 2. Auflage, München (Vahlen) 1999, S. 54.
[63] Vgl. Sprengnetter: Handbuch zur Ermittlung von Grundstückswerten, Loseblattsammlung, Sinzig (Wertermittlungsforum) 2003, Band IV, Teil 2, Kap. 6, 2/6/3/14 sowie Band VI, Teil 8, Kap. 1, 8/1/1/1.
[64] Vgl. Bankakademie (1998): Verkehrswert nach WertV und andere Verfahren, Berlin (VDH)f 2003, S. 29.

prüfung von nach dem Ertragswert- bzw. Sachwertverfahren ermittelten Verkehrswerten anwenden lässt. Als eigenes Wertermittlungsverfahren sollte es nur in begründeten Ausnahmefällen zur Anwendung kommen.

3.3.2 Das Sachwertverfahren

Historisch gesehen ist das Sachwertverfahren das älteste Verfahren und existierte bereits vor der Einführung der WertV im Versicherungsrecht und nachfolgend im Steuerrecht.

Das Sachwertverfahren ist in den §§ 21 bis 25 WertV 88 beschrieben. Es beruht im Wesentlichen auf der Bewertung von substanzorientierten Merkmalen eines Grundstücks. Der Sachwert einer Immobilie wird aus drei getrennt zu ermittelnden Werten berechnet, nämlich aus der Summe des aus dem im Vergleichswertverfahren ermittelten Bodenwertes, dem Wert aller auf dem Grundstück befindlichen baulichen Anlagen und dem Wert der sonstigen Anlagen.[65]

Der so ermittelte Grundstückssachwert ist dann unter Berücksichtigung des jeweiligen örtlichen oder regionalen Marktverhaltens an den Verkehrswert anzupassen.[66]

Gerade diese Anpassung an den Markt durch Marktanpassungsfaktoren ist ein häufiger Streitpunkt – und das nicht nur zwischen Gelehrten. In vielen Schiedsgutachten konnte immer wieder festgestellt werden, dass gerade Architekten mit Vorliebe das Sachwertverfahren anwenden und daraus den Verkehrswert ableiten. In vielen Fällen wird noch nicht einmal eine Marktanpassung durchge-

---

[65] Vgl. Bankakademie: Verkehrswert nach WertV und andere Verfahren, Berlin (VDH) 2003, S. 53.
[66] Vgl. Simon: Wertermittlung von Grundstücken, 4. Auflage, Neuwied (Luchterhand) 2001, S. 72.

führt. Damit liegen diese Werte regelmäßig zu hoch und sind vollkommen marktfern.

Da die Baukosten in einem autarken Verhältnis zum erzielbaren Verkaufspreis stehen, gilt das Sachwertverfahren auch als die „marktfernste" Bewertungsmethode.[67] Deshalb wird dieses Verfahren oftmals in der Literatur kritisiert, weil hier nicht der Marktwert preisbestimmend ist.

Viele Sachverständige verwenden nach dem 2-Säulenmodell neben dem Sachwertverfahren auch das Ertragswertverfahren. Hierbei stellt man am Ende der Berechnungen eine erhebliche Differenz zwischen dem Ertragswert und dem Sachwert fest. Die Abweichung versucht man durch Anpassungsfaktoren des Sachwertes an die Werte des Ertragswertes anzunähern. Diese Marktanpassungsfaktoren liegen nicht selten zwischen 10% und 35% des vorher mühselig ermittelten Sachwertes.

Das nächste Problem bei dieser Vorgehensweise ergibt sich dadurch, dass der Sachverständige diese Abschläge wissenschaftlich begründen muss. Wie soll er dies tun, wenn ihm konkrete Werte (Vielzahl von Verkäufen etc.) fehlen? Die einzig wahre Aussage müsste lauten: Ich habe den Abschlag in dieser Höhe gewählt, da ich mich am Ertragswert orientiert habe! Welcher Sachverständige hat den Mumm, dies zuzugeben?

3.3.2.1 Voraussetzungen für die Anwendung

Die Anwendung des Sachwertverfahrens sollte nur vorgenommen werden, wenn keine Renditegesichtspunkte vorliegen.[68] Dieser

---

[67] Vgl. Thomas, Leopoldsberger, Walbröhl: Immobilienbewertung, 2. Auflage, München (Oldenbourg) 2000, S. 412.
[68] Vgl. Rossbach: Ist das Sachwertverfahren wirklich am Ende? Neuwied (GuG) 1997, Heft 5, S. 257.

Aspekt ist gegeben, wenn die Immobilie der Eigennutzung unterliegt (Eigentumswohnung, Ein- und Zweifamilienhaus).

In der Vergangenheit wurde es auch oft bei der Bewertung von Sonderimmobilien wie Kirchen, Schulen, Hotelgrundstücken, Fabriken und Industrieanlagen benutzt. Nach den herrschenden Marktgepflogenheiten werden deren Verkehrswerte aber heute auf Grundlage des Ertragswertverfahrens ermittelt, das Sachwertverfahren kommt nur noch stützend zum Einsatz, gewissermaßen als Wertermittlungskontrollverfahren.[69]

Bei Sonderimmobilien ist zu prüfen, welche Drittverwendung für diese Immobilie möglich ist. Nicht selten wurde in der Vergangenheit eine Kirche zu einer Diskothek oder zu einem Theater umgebaut. Hier ist dann natürlich das Ertragswertverfahren anzuwenden. Denn sobald Immobilien nicht eigengenutzt, sondern vermietet sind, liegt ein Ertrag vor und daher muss vorranging nach dem Ertragswert gerechnet werden. Es kommt also immer auf die Art der Nutzung an.

Im Mittelpunkt des Sachwertverfahrens steht der Wiederbeschaffungswert des Objektes. Dieser Wert der baulichen Anlagen ist nach Herstellungswerten zu ermitteln. Bei diesem Verfahren wird folglich unterstellt, dass der potentielle Käufer der Immobilie kalkuliert, welchen Wert der Grund und Boden und die vorhandenen baulichen und sonstigen Anlagen im Vergleich zum Kaufpreis eines unbebauten Grundstückes zu den Herstellungskosten vergleichbarer und zweckentsprechender baulicher und sonstiger Anlagen haben.[70]

Der Sachverständige benötigt umfangreiche Kenntnisse über das Grundstück und die Baulichkeiten. Eine Ortsbesichtigung ist immer

---

[69] Vgl. Kleiber, Simon, Weyers: Verkehrswertermittlung von Grundstücken, 3. Auflage, Köln (Bundesanzeiger) 1998, S. 617.
[70] Vgl. Gerardy, Möckel, Troff: Praxis der Grundstücksbewertung, Loseblattsammlung, Landsberg am Lech (Moderne Industrie) 2003, S. 4.4.1/1.

Pflicht, da nur so Bauschäden und Baumängel, sowie Modernisierungsbesonderheiten im Gutachten berücksichtigt werden können.

Natürlich muss sich der Sachverständige auch die Bauakte, Flurkarte und Konstruktionszeichnungen besorgen.[71] Liegen diese nicht vor, so muss ein Aufmaß vor Ort durchgeführt werden.

3.3.2.2 Methodik und Formel

Bei dem Sachwertverfahren handelt es sich gemäß der §§ 21 bis 25 um ein dreigleisiges Verfahren[72], da drei Faktoren ermittelt werden:

- der Wert der baulichen Anlagen

- der Wert der sonstigen Anlagen

- der Bodenwert

Tabelle 9: Drei Faktoren des Sachwertverfahrens

Laut § 21 Abs. 1 WertV88 gilt: *„Bei Anwendung des Sachwertverfahrens ist der Wert der baulichen Anlagen, wie Gebäude, Außenanlage und besondere Betriebseinrichtungen, und der Wert der sonstigen Anlagen, getrennt vom Bodenwert nach Herstellungswerten zu ermitteln.*" Die Grundstruktur des Sachwertmodells nach der WertV ist im nachfolgenden Schema dargestellt (verändert nach Sprengnetter)[73]:

---

[71] Vgl. Bischoff: Grundstückswertermittlung: eine Einführung in die Praxis, Berlin (Grundeigentum) 1992, S. 63.
[72] Vgl. Kleiber, Simon, Weyers: Verkehrswertermittlung von Grundstücken, 3. Auflage, Köln (Bundesanzeiger) 1998, S. 838.
[73] Vgl. Sprengnetter: Handbuch zur Ermittlung von Grundstückswerten, Loseblattsammlung, Sinzig (Wertermittlungsforum) 2003, Band IV, Kap. 1,7/1/2/1.

Bodenwert (§ 13 Abs. 2)

+

(Zeit)Wert der Gebäude bzw. Herstellungswert der baulichen Anlagen
(incl. besonderer Bauteile und besonderer Einrichtungen, § 21 Abs.1)

+

(Zeit)Wert der sonstigen Anlagen (§ 21 Abs. 4)

=

vorläufiger Sachwert (= Substanzwert, § 21 Abs. 5)

.

Marktanpassungsfaktor (§ 7 Abs. 1)

=

Marktangepasster vorläufiger Sachwert

±

Sonstige wertbeeinflussende Umstände (§ 25)

-

Korrektur des Gebäudealters (§ 23)

-

Korrektur wegen Baumängel und Bauschäden (§ 24)

=

(marktangepasster) Sachwert

In § 21 Abs. 5 WertV sollte man den Begriff „Sachwert" besser durch den Begriff *„vorläufiger Sachwert"* (s. obiges Schema) ersetzen. Dies ist begründet dadurch, dass man das Rechenergebnis aus der Summe des Bodenwertes, des Wertes der baulichen Anlagen (Gebäude, bauliche Außenanlagen, besondere Betriebseinrichtungen) und des Wertes der sonstigen Anlagen (nichtbauliche Außenanlagen, z.B. Anpflanzungen) an den Grundstücksmarkt anpassen muss. Der „vorläufige Sachwert" entspricht in den seltensten Fällen dem am Markt erzielbaren Kaufpreis.[74]

---

[74] Vgl. Sprengnetter: Handbuch zur Ermittlung von Grundstückswerten, Loseblattsammlung, Sinzig (Wertermittlungsforum) 2003, Band VI, Teil 7, Kap. 1, 7/1/3/1.

Der Bodenwert ist laut § 21 Abs. 2 WertV in der Regel im Vergleichswertverfahren zu bestimmen (s. auch §§ 13 und 14 WertV). Der Wert der Gebäude und der Außenanlagen ist auf der Grundlage der Herstellungswerte zu ermitteln.

Der Begriff des Herstellungswerts wird in § 22 Abs. 1 und 2 definiert: Er ist der sich nach den am Wertermittlungsstichtag für die Errichtung des Gebäudes aufzubringenden gewöhnlichen Herstellungskosten (Normalherstellungskosten) zu bemessende „technische" Ersatzbeschaffungswert des Gebäudes, d.h. eines Neubaus. Da nur selten die realen Herstellungskosten bekannt sind, wird die Berechnung des Herstellungswertes des Gebäudes nach § 22 Abs. 1 durch Multiplikation der gewöhnlichen Herstellungskosten mit der Anzahl der entsprechenden Bezugseinheiten (Raum-, Flächen- oder sonstige Bezugseinheiten) der Gebäude errechnet. Diese gewöhnlichen Herstellungskosten je Bezugseinheit werden auch als die Normalherstellungskosten (NHK) bezeichnet.[75] Dies sind objektive und durchschnittliche Werte (Herstellungskosten für bestimmte Gebäudearten), die frei von subjektiven Einflüssen sind.[76]

Dem Sachverständigen bleibt es überlassen, ob er entsprechend den zur Verfügung stehenden Tabellen für die Normalherstellungskosten Kubikmeteransätze für den umbauten Raum bzw. für den Rauminhalt oder Quadratmeteransätze für die Geschossfläche bzw. die Wohn- oder Nutzfläche verwendet.

Während die NHK 95 sowohl Grundflächenpreise, als auch einen Raummeterpreis (umbauter Raum bzw. Bruttorauminhalt) enthielt, werden in der NHK 2000 – mit Ausnahme von Industriegebäuden, Werkstätten und Lagergebäuden – nur noch Grundflächenpreise (Bruttogrundfläche) mitgeteilt.[77] Die Baunebenkosten (Kosten für die Planung und Baudurchführung, behördliche Genehmigungen

[75] Vgl. § 22 WertV 88.
[76] Vgl. Sommer, Piehler: Grundstücks- und Gebäudewertermittlung, Loseblattsammlung, Bonn (Haufe) 2003, Band 1, Gruppe 3.3, S. 7.
[77] Vgl. Gerardy, Möckel, Troff: Praxis der Grundstücksbewertung, Loseblattsammlung, Landsberg am Lech (Moderne Industrie) 2003, Band 1, 1.3.7 / 29.

und Prüfungen) müssen bei den Herstellungskosten berücksichtigt werden.

Der Herstellungswert ist nur ein sog. „Zeitwert", da er nicht die Auswirkungen von z.b. Bauschäden und Baumängeln erfasst. Einzelne Bauteile und Einrichtungen, die bei der Ermittlung des Herstellungswerts nicht erfasst wurden, sind durch Zu- oder Abschläge zu berücksichtigen. Hierzu gehören „besondere Bauteile", wie z.b. Kelleraußentreppen, Balkone, Eingangsüberdachungen etc. und besondere Einrichtungen wie z.b. eine feste eingebaute Sauna in einem Einfamilienwohnhaus.

Früher wurde mit den Erfahrungssätzen aus dem Jahr 1913 gerechnet, da diese Werte relativ unbeeinflusst waren von den inflationären Tendenzen, sowie von Abweichungen durch Kriegseinflüsse. Dennoch gelten derart überholte Kostenansätze zunehmend als unglaubwürdig, so dass das Bundesministerium für Raumordnung, Bauwesen und Städtebau neue, auf den 01.01.1995 bezogene, Normalherstellungskosten (NHK) umfangreich ableiten ließ. Diese sind mittlerweile durch die NHK 2000 modifiziert worden.[78] Zum Zeitpunkt der Erstellung dieses Buches gibt es bereits die NHK 2010, deren Untersuchung jedoch nicht zum Umfang der Aufgabenstellung dieses Buches gehört, sondern einer Folgeuntersuchung vorbehalten bleibt.

Die anzusetzenden Kosten werden meist in Form von Bauwerttabellen in der Literatur veröffentlicht und beziehen sich auf den Kubikmeter des Bruttorauminhaltes.[79] In selteneren Fällen, z.B. bei Hallen oder Gebäuden mit Sondernutzung, wird die Nutzfläche als Bezugsgröße angesetzt.[80]

---

[78] Vgl. Kleiber, Simon, Weyers: Verkehrswertermittlung von Grundstücken, 3. Auflage, Köln (Bundesanzeiger) 1998, S. 1059.
[79] Vgl. Bauwerttabelle mit NHK 1913, 1958, 1980 in Rath: Wertermittlungspraxis, 4. Auflage, Düsseldorf (Luchterhand) 2003, S. 136 – 140; vgl. NHK 1995 in Kleiber, Simon, Weyers: Verkehrswertermittlung von Grundstücken, 3. Auflage, Köln (Bundesanzeiger) 1998, Anhang 4.1.
[80] Vgl. Stein, Birnbaum, Timmermann: Verfahren zur Wertermittlung von bebauten und unbebauten Grundstücken, Bad Dürrheim (MBC) 1998, S. 291.

Um die NHK 2000 anwenden zu können, sind folgende Bewertungsschritte notwendig:

1. Ermittlung des Ausstattungsstandards

2. Zuordnung des Bewertungsobjektes zu einer Gebäudebaujahresklasse

3. Ermittlung des Baupreisindexes am Wertermittlungsstichtag

4. Berücksichtigung des regionalen Anpassungsfaktors

5. Berücksichtigung des Anpassungsfaktors wegen der Ortsgröße.[81]

Tabelle 10: Bewertungsschritte zur Anwendung NHK 2000

Das nach DIN 277 ermittelte Volumen muss mit den Normalherstellungskosten (NHK) multipliziert werden und ergibt so die Herstellungskosten. Dieser Herstellungswert muss dann mit Hilfe von Indexzahlen aus dem Baupreisindex auf den Bewertungsstichtag umgerechnet werden.

Der Baupreisindex liegt mit dem Bezugsjahr = 100 vor und wird von den statistischen Ämtern regelmäßig, z.B. in Fachzeitschriften, veröffentlicht.[82] Zusätzlich sollen entsprechende Anpassungen bezüglich besonderer Ausstattungsmerkmale und Außenanlagen, sowie der Baunebenkosten wie Architekten-, behördliche Genehmigungs-, Finanzierungs- und Versicherungskosten vorgenommen

---

[81] Vgl. Sommer, Piehler: Grundstücks- und Gebäudewertermittlung, Loseblattsammlung, Bonn (Haufe) 2003, Band 1, Gruppe 3.3, S. 8.
[82]Vgl. Stein, Birnbaum, Timmermann: Verfahren zur Wertermittlung von bebauten und unbebauten Grundstücken, Bad Dürrheim (MBC), 1998, S. 291.

werden. Meist geschieht dies in Form von prozentualen Zu- oder Abschläge.[83]

Die ermittelten Herstellungskosten werden wegen Alterswertminderung (§ 23 WertV) sowie Baumängeln und Bauschäden (§ 24 WertV) um die entsprechenden Werte gemindert.[84]

Die Alterswertminderung für den Gebäudewert wird in der Praxis unterschiedlich gehandhabt. Bei gewerblichen Gebäuden steht zumeist die lineare Abschreibung im Vordergrund. Von der Rechtsprechung im Allgemeinen anerkannt ist die *„Tabelle zur Berechnung der Wertminderung wegen Alters von Gebäuden in v.H. der Herstellungswertes"* in der Anlage 6 WertR 91, auf Basis der Abschreibung nach Ross. Hier bestimmt sich die Wertminderung wegen Alters nach dem Verhältnis der Restnutzungsdauer zur Gesamtnutzungsdauer der baulichen Anlagen.

Dabei ist zu beachten, dass die Gesamtnutzungsdauer Veränderungen unterliegt, sobald Instandsetzungen oder Modernisierungen vorgenommen werden. In jedem Fall ist die Abschreibung an der sachverständig geschätzten Restnutzungsdauer zu orientieren.[85]

Baumängel sind auf Planungs- und Bauausführungsfehler zu prüfen. Bauschäden können durch sonstige Ursachen entstanden sein.[86] Dabei dürfen die Schadensbeseitigungskosten nicht zu 100% abgezogen werden, da sie genau wie die Herstellungskosten um die Alterswertminderung reduziert werden müssen.[87]

---

[83] Vgl. Thomas, Leopoldsberger, Walbröhl: Immobilienbewertung, 2. Auflage, München (Oldenbourg) 2000, S. 414.
[84] Vgl. Thomas, Leopoldsberger, Walbröhl: Immobilienbewertung, 2. Auflage, München (Oldenbourg) 2000, S. 413.
[85] Vgl. § 23 WertV 88; Rössler, Langner, Simon, Kleiber: Schätzung und Ermittlung von Grundstückswerten, 6. Auflage, Neuwied (Luchterhand) 1990, S. 335; vgl. Stein, Birnbaum, Timmermann: Verfahren zur Wertermittlung von bebauten und unbebauten Grundstücken, Bad Dürrheim (MBC) 1998, S. 292.
[86] § 24 WertV 88; Thomas, Leopoldsberger, Walbröhl: Immobilienbewertung, 2. Auflage, München (Oldenbourg) 2000, S. 415.
[87] Vgl. Kleiber, Simon, Weyers: Verkehrswertermittlung von Grundstücken, 3. Auflage, Köln (Bundesanzeiger) 1998, S. 1057.

Nach § 25 WertV 88 gilt: „Sonstige nach den §§ 22 bis 24 [WertV 88] bisher noch nicht erfasste, den Wert beeinflussende Umstände, insbesondere eine wirtschaftliche Überalterung, ein überdurchschnittlicher Erhaltungszustand und ein erhebliches Abweichen der tatsächlich von der nach § 5 Abs. 1 [WertV 88] maßgeblichen Nutzung, sind durch Zu- oder Abschläge oder in anderer geeigneter Weise zu berücksichtigen", also mit den Normalherstellungskosten zu verrechnen.

Zum ermittelten Sachwert wird der Bodenwert addiert. Dieser Bodenwert muss gemäß § 21 Abs. 2 WertV 88, oder falls diese nicht vorliegen, nach den Bodenrichtwerten des Gutachterausschusses ermittelt werden.

Mathematisch lässt sich der Sachwert folgendermaßen ermitteln[88]:

$$SW = \left[\left(\frac{F}{R} \cdot NHK_{\frac{F}{R}} + AA_{baul} + BB \right) \frac{IWSt}{10} - SBK \right] \cdot \frac{RND}{GND} + AA_{sonst} + BW$$

Formel 1: Formel zur Berechnung des Bodenwertes

SW   *Sachwert*

F/R   *Fläche bzw. umbauter Raumes der baulichen Anlage*

NHKF/R   *Normalherstellungskosten bezogen auf Fläche oder umbauter Raum und Baupreisverhältnisse zu ihrem Bezugsstichtag einschl. Baunebenkosten.*

AAbaul   *Gewöhnliche Herstellungskosten der baulichen Außenanlagen zu ihrem Bezugsstichtag*

BB   *Gewöhnliche Herstellungskosten der besonderen Be-*

---

[88] Vgl. Kleiber, Simon, Weyers: Verkehrswertermittlung von Grundstücken, 3. Auflage, Köln (Bundesanzeiger) 1998, S. 1058, 1059.

triebseinrichtungen zu ihrem Bezugsstichtag

Iwst   *Baupreisindexzahl zum Zeitpunkt „Wertermittlungs-*
          stichtag"

Io   *Baupreisindexzahl zum Zeitpunkt des Bezugsstichtags*
          der herangezogenen Normalherstellungskosten

SBK   *Schadensbeseitigungskosten für Baumängel und*
          Bauschäden zum Zeitpunkt „Wertermittlungsstichtag"

RND   *Restnutzungsdauer der baulichen Anlage am Werter-*
          mittlungsstichtag

GND   *Übliche Gesamtnutzungsdauer*
AAsonst   *Wert der sonstigen Außenanlagen am Wertermitt-*
          lungsstichtag

BW   *Bodenwert am Wertermittlungsstichtag (=Flache**
          BW/m²)

Tabelle 11: Faktoren der Formel zur Berechnung des Bodenwertes

Wird der Sachwert vorrangig ermittelt, so sollten immer andere Wertermittlungsverfahren (Ertragswert, Vergleichswert) und deren Parameter mit einbezogen werden. Sinnvoll ist es, vergleichbare Kauffälle als Entscheidungsgrundlage für die Anpassung des Sachwertes an den Marktwert heranzuziehen. Nur so erhält man einen objektiven Marktanpassungszu- oder -abschlag.[89]

---

[89]Vgl. Stein, Birnbaum, Timmermann: Verfahren zur Wertermittlung von bebauten und unbebauten Grundstücken, Bad Dürrheim (MBC) 1998, S. 293.

3.3.2.1 Kritik

Die Kritik an der Methodik des Sachwertverfahrens wird immer lauter. Hierfür gibt es eine Reihe von Argumenten, wesentlich sind jedoch folgende Kritikpunkte:

- Das Sachwertverfahren ist ein technisches, an den Baukosten orientiertes Verfahren. Wertbildende Marktfaktoren werden dabei nicht berücksichtigt.

- Marktanpassungszu- und -abschläge sind wissenschaftlich nicht belegbar. Es bleibt immer eine deutliche Ungenauigkeit bestehen, die einen Sachverständigen in Erklärungsnöte bringt. Würde man hier den Hebel ansetzen, so hätte eine Vielzahl von Gutachten vor Gericht keinen Bestand.

- Der Ansatz der „Normalherstellungskosten" lässt sich auf Grund stark voneinander abweichender Ermittlungsgrundlagen in der Fachliteratur nicht sachgerecht begründen.

Tabelle 12: Kritikpunkte am Sachwertverfahren

Die Befürworter des Sachwertverfahrens halten dem entgegen, dass das Verfahren „... *nicht an seiner Methodik krankt, sondern an einer zumindest teilweise fehlerhaften Anwendung leidet ...*".[90]

Dem liegt zugrunde, dass das Sachwertverfahren häufig auch bei reinen Renditeimmobilien als „*Kontrollverfahren*" für das Ertragswertverfahren zum Einsatz kommt. Zumeist besteht ein erheblicher Unterschied zwischen dem ermittelten Ertrags- und Sachwert, der dann mit Hilfe fragwürdiger Marktanpassungsabschläge auf den Sachwert ausgeglichen wird.[91]

---

[90]Vgl. Rossbach: Ist das Sachwertverfahren wirklich am Ende? Neuwied (GuG) 1997, Heft 5, S. 257.
[91]Vgl. Rossbach; Ist das Sachwertverfahren wirklich am Ende? Neuwied (GuG) 1997, Heft 5, S. 257.

Dem Ertragswertverfahren sollte man daher den Vorrang geben, da sich dieses Verfahren besser an den Marktgegebenheiten orientiert. Ausgehend von der Annahme, dass ein wirtschaftlich handelnder Mensch immer in Ertragskategorien denkt, scheint, bei Differenzen von mitunter bis 35% zwischen Ertrags- und Sachwert, eine Irrationalität des Sachwerts naheliegend.[92]

Diese Annahme ist jedoch nicht ausnahmslos richtig. Das Sachwertverfahren ist bei Eigennutzung (Einfamilienhaus) durchaus zu empfehlen, da Renditeüberlegungen nur bei diesem Teilmarkt keine Rolle spielen. Dieser Markt wird von Eigennutzern dominiert.

Gerade im Bereich der Einfamilienhäuser vergleichen potentielle Käufer die Angebote sehr genau nach dem Kaufpreis. Dabei können die Kosten eines bebauten Grundstücks mit denen eines unbebauten Grundstücks, welches nach eigenen Vorstellungen bebaut werden soll, verglichen werden.

Diese Sachwertüberlegung ist durchaus üblich und keineswegs irrational. Für bestimmte Anwendungsgebiete erscheint eine Bewertung im Sachwertverfahren also durchaus sinnvoll und „marktnäher" als im Ertragswertverfahren.[93]

Zudem gibt das Sachwertverfahren in § 25 WertV 88 die Möglichkeit einer Wertminderung aufgrund sonstiger wertbeeinflussender Umstände. Von der Möglichkeit, auf dieser Basis individuelle bzw. irrationale Kosteneinflüsse durch entsprechende Abschläge zu kompensieren, wird durch Bewertungssachverständige zu selten Gebrauch gemacht.[94]

---

[92]Vgl. Sommer: Zur Irrationalität des Sachwertverfahrens, Neuwied (GuG) 1998, Heft 4, S. 215 ff..
[93] Vgl. Möckel: Gedanken zur Irrationalität des Sachwertverfahrens, Neuwied (GuG) 1998, Heft 5, S. 292.
[94] Vgl. Rossbach: Ist das Sachwertverfahren wirklich am Ende? Neuwied (GuG) 1997, Heft 5, S. 258.

Die Kritik an der Methodik zur Ermittlung von Normalherstellungskosten im Sachwertverfahren ist durchaus angebracht. In der Vergangenheit haben viele unterschiedliche Ansätze in diesem Bereich
zu teilweise stark überhöhten Sachwerten geführt. Die durch das
Bundesministerium für Raumordnung, Bauwesen und Städtebau
erlassenen Regelungen bezüglich der NHK 95 und NHK 2000 haben
zur Einheitlichkeit und zum besseren Verständnis beigetragen.[95]

3.3.3 Das Ertragswertverfahren

Grundstücke, die vorranging zur nachhaltigen Ertragserzielung
(nachhaltig erzielbare Pacht oder Rendite) erworben, genutzt bzw.
bebaut wurden, werden grundsätzlich nach dem in den §§ 15 bis
20 der WertV 88 geregelten Ertragswertverfahren bewertet. Dem
Käufer eines derartigen Objektes kommt es hauptsächlich darauf
an, welche Verzinsung ihm das investierte Kapital bringt.[96] Der
Sachwert des Renditeobjektes interessiert ihn nur zweitrangig.

Der Ertragswert ist laut Gottschalk[97] der Wert einer Vermögens-
oder Kapitalanlage. Investiert man in unbebaute Grundstücke als
Vermögensanlage, so handelt es sich um Spekulationsanlagen mit
der Erwartung auf Wertsteigerung. Bei bebauten Grundstücken,
die meistens einen laufenden Ertrag erwirtschaften, ergibt sich
nach Abzug der laufenden Kosten, der Bewirtschaftungskosten, ein
Reinertrag. Aus diesem Reinertrag kann mithilfe eines Zinssatzes,
dem Liegenschaftszins oder Kapitalmarktzins, der Ertragswert des
einzusetzenden Kaufpreises einer Kapitalanlage grob ermittelt
werden. Da zur Kapitalisierung der Erträge der Liegenschaftszins-

---

[95] Vgl. Möckel: Gedanken zur Irrationalität des Sachwertverfahrens, Neuwied (GuG) 1998, Heft
5, S. 293; vgl. Rossbach: Ist das Sachwertverfahren wirklich am Ende? Neuwied (GuG), Heft
5, 1997, S. 258.
[96] Vgl. Simon: Wertermittlung von Grundstücken, 4. Auflage, Neuwied (Luchterhand) 2001, S.
64.
[97] Vgl. Gottschalk: Immobilienwertermittlung, 2. Auflage, München (C.H. Beck) 2003, S. 450.

satz herangezogen wird, ist die nachhaltige Ertragsfähigkeit gewährleistet.[98]

Nach Kleiber u.a.[99] handelt es sich beim Ertragswertverfahren um ein zweigleisiges Wertermittlungsverfahren, da der Wert einer Immobilie aus dem Bodenwert (Vergleichswertverfahren) und dem Wert der baulichen Anlagen ermittelt wird (Grundstücksreinerträge der baulichen Anlagen).[100]

Da Renditegesichtspunkte die Grundlage dieser Wertermittlung bilden, ist das Ertragswertverfahren als am Markt orientiertes Verfahren sehr anerkannt, da die Ertragswertermittlung die Wirtschaftlichkeit einer Immobilie analysiert.

3.3.3.1 Voraussetzungen für die Anwendung

Das Ertragswertverfahren gilt vorrangig für folgende Grundstücksarten[101]:

• Mehrfamilienwohnhausgrundstücke

• Geschäftsgrundstücke

• Büro- und Verwaltungsgrundstücke

• Gewerbe- und Industriegrundstücke (Hotels, Logistikimmobilien, Tankstellen etc.)

---

[98] Vgl. Kleiber, Simon, Weyers: Verkehrswertermittlung von Grundstücken, 3. Auflage, Köln (Bundesanzeiger) 1998, S. 836.
[99] Vgl. Kleiber, Simon, Weyers: Verkehrswertermittlung von Grundstücken, 3. Auflage, Köln (Bundesanzeiger) 1998, S. 838.
[100] Vgl. Sprengnetter: Handbuch zur Ermittlung von Grundstückswerten, Loseblattsammlung, Sinzig (Wertermittlungsforum) 2003, Band IV, Teil 6, Kap. 1, 6/1/1/1.
[101] Vgl. Sprengnetter: Handbuch zur Ermittlung von Grundstückswerten, Loseblattsammlung, Sinzig (Wertermittlungsforum) 2003, Kap. 2/6/3/14; vgl. Brauer: Immobilienfinanzierung, Wiesbaden (Gabler) 1999, S. 373.

- gemischt genutzte Grundstücke

- Garagengrundstücke

Tabelle 13: Grundstücksarten für das Ertragswertverfahren

Erforderlich sind dabei umfangeiche Kenntnisse des Sachverständigen im Bereich der Bewirtschaftung von Immobilien, da er die Bewirtschaftungskosten vom Rohertrag abziehen muss.

Um zuverlässige Ergebnisse zu bekommen, muss der Sachverständige folgende Parameter bestimmen:

- die nachhaltig erzielbaren Einnahmen (Nettokaltmiete bzw. Rohertrag)

- die nicht umlagefähigen Bewirtschaftungskosten

- den Bodenwert

- die Restnutzungsdauer des Gebäudes

- den aktuellen Liegenschaftszinssatz

- außerdem marktübliche Erfahrungswerte in Form von Zu- oder Abschlägen (Marktanpassungsfaktor) sowie sonstige wertbeeinflussende Umstände nach § 19 WertV 88.[102]

Tabelle 14: Notwendige Parameter für das Ertragswertverfahren

---

[102] Vgl. Bischoff: Grundstückswertermittlung, Berlin, (Grundeigentum) 1992, S. 55 f..

3.3.3.2 Methodik und Formel

Schema für das Ertragswertverfahren (Darstellung in Anlehnung an Rath, J: Wertermittlungspraxis: Arbeitshilfen für Bewertungssachverständige, 4. Auflage, Düsseldorf (Luchterhand) 2003, S. 10):

Nachhaltig erzielbarer Jahresrohbetrag

-

Nicht umlagefähige Bewirtschaftungskosten:
- Verwaltungskosten
- Betriebskosten (Grundsteuer, Versicherungen, Gebühren etc.),
- Instandhaltungskosten
- Mietausfallwagnis

=

Jahresreinertrag

-

Verzinsungsanteil des Bodenwerts

=

Gebäudereinertragsanteil

.

Rentenbarwertfaktor (sog. „Vervielfältiger")

=

Gebäudeertragswert aus nachhaltigem Ertrag

+

Bodenwert

=

Ertragswert der Liegenschaft

±

Marktanpassung (Zu- oder Abschlag)

=

VERKEHRSWERT

Die traditionelle Vorgehensweise umfasst 6 Schritte:

1. Zunächst muss bei der Ermittlung des Ertragswerts der baulichen Anlagen der nachhaltig erzielbare Reinertrag des Grundstücks ermittelt werden. Dieser ergibt sich aus dem nachhaltig erzielbaren Jahresrohertrag (§ 17) des Grundstücks abzüglich der nicht umlagefähigen Bewirtschaftungskosten (§ 18).[103] Der Jahresrohertrag umfasst alle nachhaltig erzielbaren Einnahmen aus dem Grundstück wie Mieten, Pachten und sonstige Vergütungen. Der Rohertrag ist aber nicht mit der ortsüblichen Miete identisch![104] Die ortsübliche Miete ist nämlich nicht nachhaltig, sondern leitet sich nur aus Daten aus der Vergangenheit ab. Nachhaltige Werte ergeben sich nur durch Zukunftsprognosen. Hierbei muss berücksichtigt werden, ob Mietminderung wegen Baumängeln zu erwarten ist, was eine gründliche bautechnische Analyse voraussetzt.[105]

Einnahmen zur Deckung von Betriebskosten gehen nicht in den Rohertrag ein.[106] Die abzuziehenden Bewirtschaftungskosten setzten sich aus den Aufwendungen zusammen, die nicht auf den Mieter umzulegen sind, wie die Kosten für Instandhaltung und Verwaltung sowie das Mietausfallwagnis des Vermieters. Diese Kosten sind im gewerblichen Bereich Verhandlungsbasis, so dass man sich hier den Mietvertrag ansehen muss. Häufig werden sog. „Dach und Fachverträge" abgeschlossen, d.h. der Pächter bzw. Mieter trägt sämtliche Kosten. Die Aufwendungen für Abschreibung werden später durch Einrechnung in den Vervielfältiger nach § 16 Abs. 3 berücksichtigt.[107]

---

[103] Vgl. § 16 WertV 88.
[104] Vgl. Sommer, Piehler: Grundstücks- und Gebäudewertermittlung, Loseblattsammlung, Bonn (Haufe) 2003, Band 1 Gruppe 3.4, S. 9.
[105] Vgl. Sommer, Piehler: Grundstücks- und Gebäudewertermittlung, Loseblattsammlung, Bonn (Haufe) 2003, Band 1 Gruppe 3.4, S. 11.
[106] Vgl. § 17 WertV 88; Kleiber, Simon, Weyers: Verkehrswertermittlung von Grundstücken, 3. Auflage, Köln (Bundesanzeiger) 1998, S. 839.
[107] Vgl. § 18 WertV 88.

2.   Im nächsten Schritt wird der Jahresreinertrag des Grundstücks um den Betrag vermindert, der sich durch eine angemessene Verzinsung des Bodenwertes ergibt (Verzinsungsanteil des Bodenwertes). Dabei wird der Bodenwert im Vergleichswertverfahren ermittelt und mit dem Liegenschaftszins multipliziert.[108] Dies führt zum Reinertragsanteil der baulichen Anlagen. Das im Grund und Boden investierte Kapital kann nicht zu banküblichen Zinsen angelegt werden, deshalb muss der Reinertrag eines Grundstücks um den Verzinsungsbetrag des Grund und Bodens vermindert werden.

Zusammenfassend ist zu sagen, dass der Bodenwert

a)   zunächst den Ertragswert dadurch erhöht, dass er gesondert neben dem Wert der baulichen Anlagen berechnet wird

b)   den Ertragswert vermindert, da die Verzinsung des Bodenwerts den Reinertrag mindert, was im Ergebnis zu einer Absenkung des Wertanteils der baulichen Anlagen führt.[109] Es ist aber zu bedenken, dass sich das in den Grund und Boden investierte Kapital nicht mit zunehmendem Alter der Bebauung verringert, wie das mit dem Gebäude geschieht (Berücksichtigung durch Berechnung einer Restnutzungsdauer). Deshalb gibt es keine Gründe dafür, den Bodenwert eines Grundstücks mit zunehmendem Alter zu dämpfen (wie das oft in Baden-Württemberg gehandhabt wird und wurde) bzw. den Bodenwert des Grundstücks zu verringern, sobald das Grundstück bebaut ist, was von vielen Sachverständigen angewandt wird.

---

[108] Vgl. § 16 Abs. 2 WertV 88.
[109] Vgl. Kleiber, Simon, Weyers: Verkehrswertermittlung von Grundstücken, 3. Auflage, Köln (Bundesanzeiger) 1998, S. 838.

Der Liegenschaftszinssatz wird in § 11 Abs. 1 WertV 88 definiert als der Zinssatz, mit dem der Verkehrswert von Liegenschaften im Durchschnitt marktüblich verzinst wird. Er ist auf der Grundlage geeigneter Kaufpreise und der ihnen entsprechenden Reinerträge für gleichartig bebaute und genutzte Grundstücke unter Berücksichtigung der Restnutzungsdauer der Gebäude nach den Grundsätzen des Ertragswertverfahrens (§§ 15 bis 20) zu ermitteln.

Dabei wird die Formel zur Ertragswertermittlung nach dem Zinssatz aufgelöst. Eine zahlenmäßige Angabe des Liegenschaftszinssatzes ist allerdings nicht in der Wertermittlungsverordnung enthalten, da sich der Gesetzgeber nicht in der Lage sah, allgemeingültige Liegenschaftszinssätze anzugeben.[110]

Datengrundlage sind die aus der Kaufpreissammlung der Gutachterausschüsse ermittelten Reinerträge und die Kaufpreise aus den entsprechenden Verträgen. Die Liegenschaftszinssätze ergeben sich als arithmetisches Mittel der entsprechend geeigneten Werte und werden von den Gutachterausschüssen regelmäßig veröffentlicht.[111]

Ist kein marktorientierter Liegenschaftszinssatz feststellbar, kann hilfsweise auf die Zinssätze in der Nr. 3.5.5 der WertR 99 zur Berechnung der Bodenwertverzinsung zurückgegriffen werden.

Die Einflussfaktoren auf den Liegenschaftszinssatz sind:

- wirtschaftliche und politische Einflussfaktoren

- marktbezogene Einflussfaktoren

---

[110]Vgl. Sommer, Piehler: Grundstücks- und Gebäudewertermittlung, Loseblattsammlung, Bonn (Haufe) 2003, Gruppe 3.4, S. 23.
[111] Formel für den Liegenschaftszinssatz in Anlehnung an Kleiber, Simon, Weyers: Verkehrswertermittlung von Grundstücken, 3. Auflage, Köln (Haufe) 1998, S. 651.

- objektbezogene Einflussfaktoren[112]

Tabelle 15: Einflussfaktoren auf den Liegenschaftszinssatz

3. Die Verminderung des Jahresreinertrages um den Bodenwertverzinsungsbetrag erklärt sich dadurch, dass der Grund und Boden ewig nutzbar ist und nur die baulichen Anlagen auf Grund ihrer wirtschaftlichen Nutzungsdauer eine Rendite erzielen.[113] Die Restnutzungsdauer wird ermittelt, indem das Alter des Gebäudes von der Gesamtnutzungsdauer abgezogen wird (wirtschaftliche Gesamtnutzungsdauer von Gebäuden). Unter Ansatz der Restnutzungsdauer (§ 16 Abs. 3 Satz 2) und des ermittelten Liegenschaftszinssatzes (§ 11) ergibt sich aus der Anlage der WertV 88 (Anlage 5, 7 und 8 der WertR 91) ein Kapitalisierungsfaktor bzw. Vervielfältiger, der mit dem Gebäudereinertrag zu multiplizieren ist.[114]

4. Vom kapitalisierten Jahresreinertrag der baulichen Anlagen müssen im nächsten Schritt noch Zu- oder Abschläge aufgrund sonstiger wertbeeinflussender Umstände vorgenommen werden. In § 19 der WertV 88 wird beispielhaft die nachhaltige Nutzung des Grundstückes für Werbezwecke sowie wohnungs- oder mietrechtliche Bindungen sowie vorhanden Baumängel oder –schäden genannt.

5. Die Summe aus ermitteltem Bodenwert und dem Ertragswert der baulichen Anlagen ergibt den nach § 15, Abs. 2 WertV 88 definierten Ertragswert der Immobilie.

---

[112]Vgl. Sommer, Piehler: Grundstücks- und Gebäudewertermittlung, Loseblattsammlung, Bonn (Haufe) 2003, Gruppe 3.4, S. 24.
[113] Vgl. Kleiber, Simon, Weyers: Verkehrswertermittlung von Grundstücken, 3. Auflage, Köln (Bundesanzeiger) 1998, S. 841.
[114] Vgl. Kleiber, Simon, Weyers: Verkehrswertermittlung von Grundstücken, 3. Auflage, Köln (Bundesanzeiger) 1998, S. 954 f.; vgl. Zimmermann: Grundstücksbewertung, Bonn (Deutscher Anwaltverlag), 1997, S. 247.

Die Ertragsformel lautet:[115]

$$EW = RE \cdot V + \frac{BW}{\square} q^n = RE \cdot V + BW \cdot q^{-n}$$

Formel 2: Ertragsformel

EW   *Ertragswert des Grundstücks*

RE   *jährlicher Reinertrag des Grundstücks (§ 16)*

BW   *Bodenwert (§ 15 Abs. 2)*

V   *Vervielfältiger (lt. Anlage zur WertV)*

q   *Zinsfaktor = 1 + p*

p   *Liegenschaftszinssatz / 100 = q − 1*

n   *Restnutzungsdauer (§ 16 Abs. 4)*

Tabelle 16: Faktoren der Ertragsformel

6.   Der Verkehrswert des Grundstücks (§ 194 BauGB) ergibt den Ertragswert des Grundstücks, wenn alle bei dem Wertermittlungsverfahren verwandten Parameter der Lage auf dem Grundstücksmarkt am Wertermittlungsstichtag entsprechen. Der Verkehrswert ist dann unter Zuhilfenahme weiterer Verfahrensergebnisse zu begründen (Sachwert- oder Vergleichswertverfahren).

---

[115] Vgl. Kleiber, Simon, Weyers: Verkehrswertermittlung von Grundstücken, 3. Auflage, Köln (Bundesanzeiger) 1998, S. 648.

3.3.3.2 Kritik

Es wird die Auffassung vertreten, dass mit dem Ertragswertverfahren die wirtschaftliche Betrachtungsweise der Marktteilnehmer nachvollziehbar dokumentiert wird. Das Ertragswertverfahren führt aufgrund aktueller Miet-/Pachtverträge zu marktnahen Daten und dient somit als primäre Entscheidungsgrundlage für Investoren oder Immobilienerwerber.

Die Anwendung des Ertragswertverfahrens erfordert vom Sachverständigen neben umfangreichen Recherchen hervorragende Marktkenntnisse. Nur mit zeitnahem Datenmaterial kann der Sachverständige auch marktnahe Verkehrswerte ermitteln.

Besonders sensibel muss der Sachverständige mit der Anwendung des Liegenschaftszinssatzes umgehen. Der Liegenschaftszinssatz reagiert sehr sensitiv auf den Ertragswert. Er bildet auch die Anwendungsgrundlage für den Vervielfältiger (Barwertfaktor). So führt ein Unterschied von 0,5% Liegenschaftszinssatz zu einer Veränderung des Verkehrswertes von bis zu 10%.[116] Hier bildet sich die Grundlage zur Manipulation der Ergebnisse des Ertragswertes.

Die nächste Stellschraube zur Beeinflussung des Verkehrswertes liegt in der Feststellung der Restnutzungsdauer und der Bewirtschaftungskosten.

Kritik wird auch an der separaten Bodenwertverzinsung geäußert, da die Meinung vorherrscht, dass der Boden und die Gebäude untrennbar verbunden sind. Somit sind die Erträge auch nicht teilbar, zumal der Boden keine direkten Erträge abwirft.

---

[116] Vgl. Bischoff: Grundstückswertermittlung, Berlin (Grundeigentum) 1992, S. 61 ff..

Die Trennung der Erträge von Boden und Gebäuden ist tatsächlich fragwürdig. Sie ergibt sich jedoch aus der Tatsache, dass der Boden im Gegensatz zum Gebäude keiner Abnutzung unterliegt.

Mathematisch wird der Ertragsanteil des Bodens als ewige Rente und der Ertragsanteil des Gebäudes als Zeitrente (für die Dauer der Restnutzung) kapitalisiert.

Kritiker werfen dem Ertragswertverfahren vor, dass Mietpreisänderungen in der Zukunft nicht erfasst werden. Auch die Investitionskosten innerhalb eines Zeitraumes werden gar nicht oder verfälscht wiedergegeben. Diese Kritiker befürworten das DCF-Verfahren (Discounted–Cash–Flow-Verfahren), da dieses Verfahren die Zahlungsströme (alle Einnahmen und Ausgaben) für jedes einzelne Jahr (bis zu 10 Jahren und danach unendliche Kapitalisierung) genauer erfasst und somit eine bessere Entscheidungsgrundlage für Investitionen bietet als das Ertragswertverfahren.

Das DCF-Verfahren wird hauptsächlich in der Unternehmensbewertung eingesetzt. Hier gelten andere Zeiträume und Parameter als Entscheidungsgrundlage.

Problematisch wirkt sich das Ertragswertverfahren immer dann aus, wenn der Ertragswert negativ ist.[117] Ab diesem Zeitpunkt muss die Überlegung angestellt werden, was mit der Immobilie geschehen soll. Welcher anderen Nutzungsform kann die Immobilie zugeführt werden?

Die Konsequenz daraus ist die Anwendung des Liquidationsverfahrens.[118] Hier werden, um es einfach darzustellen, die Abrisskosten vom Wert des Bodens abgezogen.

---

[117] Vgl. § 20 Abs. 1 WertV 88 sieht für solche Fälle vor, dass als Ertragswert des Grundstückes noch der Bodenwert anzusetzen sei. Freilegungs- bzw. Abrisskosten sind dabei in Abschlag zu bringen.
[118] Vgl. Bischoff: Grundstückswertermittlung, Berlin (Grundeigentum) 1992, S. 62.

Der Wert einer Immobilie wird nicht nur durch die Lage, Art und Maß der baulichen Nutzung, sondern auch durch Negativeinflüsse von Böden und Gebäuden durch kontaminierte Böden und Asbestbelastung bestimmt.

Dieses Problem tritt heute in Deutschland häufig in Ballungsgebieten und in den neuen Bundesländern auf. Ehemalige Kasernenanlagen (Konversionsflächen) und Braunkohlebetriebe sind hiervon besonders betroffen. Die Dekontaminierung von Böden ist sehr kostenintensiv und kann unter Umständen zu negativen Verkehrswerten führen.

Bei stillgelegten Industrieanlagen, Kasernen, Tankstellen, Gerbereien, Wäschereien und sonstigen gewerblich genutzten Flächen empfiehlt es sich, Bodenproben zu entnehmen und diese auf Altlasten untersuchen zu lassen.

In Deutschland werden zu Dekontaminierung verschiedene Verfahren angewandt:

- In-Site-Verfahren

- On-Site-Verfahren

- Off-Site-Verfahren

Tabelle 17: Verfahren zur Dekontaminierung in Deutschland

Beim In-Site-Verfahren werden Böden und Grundwasser vor Ort behandelt, was bedeutet, dass die Schadstoffe durch ein Transportmedium (Wasser, Gas) und der Kombination von Lösungsmitteln ausgetrieben werden. Der Vorteil liegt darin, dass auf Auskofferung und Verbindung des Bodens zu einer geeigneten Sanierungsanlage (oder Deponie) verzichtet werden kann.

Beim On-Site- bzw. Off-Site-Verfahren werden nach dem Auskoffern der kontaminierten Bodenmassen in spezielle stationäre oder mobile Reinigungsanlagen verbracht. Diese Anlagen haben den Vorteil, dass ein kontrollierter Schadstoffabbau gewährleistet werden kann.

Das verunreinigte Material wird durch Sieben und Grobteilen getrennt und zerkleinert sowie Metallteile aussortiert. Über Dosiergeräte gelangt der Boden in die erste Mischeinrichtung, in der Boden mit Wasser gereinigt wird.

Mit einem Sieb werden die gereinigten Kiesbestandteile von dem restlichen Material getrennt und aus der ersten Mischeinrichtung entnommen. Sand und Schluffe gelangen über ein Förderband in die zweite Mischeinrichtung, in der waschaktive Substanzen zugeführt werden können.

Das so gereinigte Sand-Schluff-Gemisch wird in einer Siebbandpresse mechanisch entwässert. Der dadurch anfallende Schlamm kann je nach Restverunreinigungsgrad noch einmal gereinigt oder direkt deponiert werden.

Durch eine permanente Waschwasseraufbereitung kann das anfallende Wasser wieder in die jeweiligen Waschkreisläufe zurückgeführt werden. Ein Frischwasserbedarf kann somit auf ein Minimum gesenkt werden. Ein gründliches Durchmischen der gereinigten Kornfraktionen ermöglicht den Wiedereinbau des Materials.

Neben der Problematik der Bodenkontaminierung treten in der Bewertung noch die Probleme der Asbestentsorgung und mit Formaldehydbelastung auf. Diese Fachbereiche müssen von Spezialisten bewertet werden. Der Wert für die Entsorgung fliest natürlich wertmindernd (Rubrik: „sonstige wertbeeinflussende Umstände") ein.

In Deutschland ist das Umweltbewusstsein sehr stark ausgeprägt. Leider werden diese Sachverhalte (Altlasten) bei unseren Nachbarstaaten gar nicht oder nur sehr oberflächlich in der Wertermittlung berücksichtigt. Deshalb sollte man bei einem Engagement im Ausland einen gesonderten Blick auf solche Dinge werfen, um später vor unliebsamen Überraschungen geschützt zu sein.

So werden z.B. im angelsächsischen Raum solche Sachverhalte gar nicht oder nur oberflächlich angesprochen, da hier eine andere Einstellung zu Eigentum und zu Problemen der Umweltbelastung besteht.

3.3.4 Die Verfahren im direkten Vergleich

Von den drei beschriebenen renommierten Verfahren setzt sich zunehmend das Ertragswertverfahren durch. Das Ertragswertverfahren ist das Verfahren, das den *„marktnächsten* Wert" darstellt.

Wenn allerdings genügend vergleichbare Objekte für die Auswertung zur Verfügung stehen, spiegelt das Vergleichswertverfahren den Marktpreis am besten wider.

Auch das oft angefochtene Sachwertverfahren hat in bestimmten Anwendungsbereichen seine Berechtigung. Alle drei Bewertungsmethoden führen bei richtiger Anwendung zu ähnlichen Ergebnissen.

Ein wesentlicher Unterschied liegt in den, der Bewertung zugrunde liegenden, betrachteten Zeiträumen der jeweiligen Verfahren. So ist der Sachwert eher vergangenheitsorientiert, der Vergleichswert gegenwartsorientiert und der Ertragswert zukunftsorientiert.[119]

---

[119] Vgl. Stein, Birnbaum, Timmermann: Verfahren zur Wertermittlung von bebauten und unbebauten Grundstücken, Bad Dürrheim (MBC) 1998, S. 293.

Der Verkehrswert wird im Ergebnis mehr oder weniger stark am Sach-, Ertrags- oder Vergleichswert orientiert liegen. Welchem Verfahren der Vorzug zu geben ist, muss ausführlich vom Sachverständigen begründet werden.[120]

Die hohen Qualitätsanforderungen an die Gutachtenerstellung machen es zukünftig erst recht notwendig, dass die zahlreichen Bewertungsanlässe und die sachlich richtige Anwendung der diesbezüglich notwendigen Bewertungsmethoden noch umfangreicher und detaillierter in der Bewertungspraxis dargelegt und erläutert werden. Immer noch kommt es in der Bewertungspraxis zu immensen Bewertungsunterschieden, wenn Gutachten nach verschiedenen Bewertungsstandards erstellt worden sind.[121]

Gründe für die Abweichungen liegen in den unterschiedlichen nationalen und internationalen Wertkonzeptionen, die auf den geschichtlichen, politischen, rechtlichen, wirtschaftlichen, technologischen und sozialen Gegebenheiten eines jeden Landes beruhen, die sich wiederum aus unterschiedlichen Lebensweisen und Weltanschauungen entwickelt haben. Deshalb gilt es, sich mit den zugrunde liegenden Wertdefinitionen auseinander zu setzen, die ebenso wichtig sind, wie die Bewertungsverfahren selbst.[122]

---

[120] Vgl. § 7 Abs. 2 WertV 88; vgl. Thomas, Leopoldsberger, Walbröhl, Immobilienbewertung, 2. Auflage, München (Oldenbourg) 2000, S. 418.
[121] Vgl. Gerardy, Möckel, Troff: Praxis der Grundstücksbewertung, Loseblattsammlung, Landsberg am Lech (Moderne Industrie) 2003, S. 1.10.1/1.
[122] Vgl. White, Turner, Jenyon, Lincoln: Internationale Bewertungsverfahren für das Investment von Immobilien, 3. Auflage, Wiesbaden (IZ-Verlag) 2003, S. 19 – 21.

4 Europäisches und Internationales Sachverständigenwesen

Die Welt ist ein Dorf, mit dieser Aussage umschreiben die Globalisten als Erfinder ihre Weltanschauung. *„Think global"* ist ein immer häufiger zu hörender Begriff und beschreibt explizit die Situation, in der wir leben. In keiner Generation vor uns konnten Informationen, z.b. über Datenautobahnen, schneller ausgetauscht werden als heute.

Investoren suchen weltweit Anlagemöglichkeiten. Entsprechend groß sind auch die Anforderungen an Banken, Berater und Sachverständige. Politische, sprachliche und rechtliche Probleme müssen gemeistert werden. Es müssen Brücken geschlagen werden, um dem Investor Informationen zu geben, wo die Unterschiede zwischen dem eigenen Land und dem Ort der Investition liegen.

Wie transparent ist der Markt, wie kommt man auf die Werte? Mit welchem Kapitalisierungszins und welcher Nutzungsdauer kalkulieren die Anderen? Kann ich wirklich Vergleiche anstellen, wenn nein, wo ist Klärungsbedarf?

Genau aus diesem Grund wird der Ruf nach einheitlichen Bewertungsstandards immer lauter. Wenn wir heute von internationalen Bewertungsverfahren reden, dann meinen wir (in Deutschland) die Bewertungsgrundsätze aus dem angelsächsischen Raum. Die britische *Royal Institution of Chartered Surveyors* (RICS) ist hier marktprägend.

Es existieren weltweit zahlreiche nationale Verbände und Vereinigungen, in denen Immobiliensachverständige organisiert sind. Ziel dieser Verbände ist es, weltweit einheitliche Bewertungsstandards zu entwickeln. Dieses Bestreben wurde bereits in vielen Bereichen erfolgreich umgesetzt. Um welche Institution es sich handelt, wird in den folgenden Kapiteln behandelt. Um auftretende Diskrepanzen

in der Bewertungspraxis zu reduzieren, haben sich diese in weni-
gen internationalen Dachorganisationen zusammengeschlossen.[123]

4.1 International Valuation Standards Committee (IVSC)

Der Weltverband für das Aufstellen von Bewertungsrichtlinien ist
das *International Valuation Standards Committee* (IVSC).

Das IVSC ist eine gut eingespielte globale Organisationsebene, es
pflegt Kontakte zu den Vereinten Nationen, die sich mit Bewer-
tungsfragen über das *Non Governmental Organisations Department*
informiert halten. Dieses wurde 1981 von Mitgliedern der RICS
gegründet.

Im IVSC sind gegenwärtig 39 Mitgliedsländer vereinigt, z.B. Aust-
ralien, China, Deutschland, Japan, Russland, Südafrika, Großbritannien und die USA.[124] Das IVSC erarbeitet international einheitliche Standards und Richtlinien und setzt deren Umsetzung durch.[125]

Die IVSC beschäftigt sich auf globaler Ebene mit der Harmonisie-
rung von Bewertungsrichtlinien. Ihr bekanntestes Werk sind die
International Valuation Standards, das sog. „White Book".
Schwerpunkt sind die *International Financial Reporting Standards*
(IFRS).

---

[123] Vgl. Brühl: Immobilienbewertung im internationalen Kontext, Frankfurt am Main (Seminarskript für das immoebs Seminar am 25. September 1998) 1998, S. 17.
[124] Vgl. Bankakademie: Sachverständigenwesen in Deutschland und Europa, Berlin (VDH) 2003,
Kap. 4, S. 53.
[125] Vgl. Downie, Adair: European Valuation Perspective, London (E & FN Spon) 1996, S. 308;
vgl. Gelbtuch, Mackmin, Milgrim: Real Estate Valuation in Global Markets, Illinois (Appraisal
Institute) 1997, S. 428, S. 39 ff..

4.2   The European Group of Valuers Association (TE-GoVA)

Im Mai 1977 gründeten Bewertungsverbände aus verschiedenen europäischen Ländern die bedeutendste europäische Dachvereinigung von Bewertungssachverständigen. *The European Group of Valuers of Fixed Assets* (TEGoVoFA), welche es sich zum Ziel gemacht hat, eine berufsständische Vertretung und eine gemeinsame Stimme im europäischen Gesetzgebungsprozess zu haben. Es sollte eine für weitere Länder offene Plattform geschaffen werden. 1997 schloss sich die TEGoVoFA mit der *European Property Valuers Association* (EUROVAL) zusammen und firmiert seitdem unter dem Namen The *European Group of Valuers Association* (TEGoVA).

The European Group of Valuers Association (TEGoVA)

• ist der europäische Dachverband nationaler Immobilienbewertungsorganisationen
• wurde 1977 von Bewertungsverbänden aus Belgien, Deutschland, Frankreich, Irland und England gegründet

• unterstützt seine Mitgliedsverbände bei der Einführung harmonisierter Standards
   o   für die Bewertungspraxis
   o   für Berufsethik für Gutachter
   o   für Ausbildung, Fortbildung und Qualifikation von Immobiliengutachtern

• ist eine Nicht – Regierungsorganisation ohne Gewinnerzielungsabsicht

Tabelle 18: The European Group of Valuers Association (TEGoVA)

Die TEGoVA hat zum Hauptziel erklärt, eine grenzüberschreitende Harmonisierung von Bewertungsstandards in Europa zu entwickeln und damit Transparenz im Gutachterwesen zu erreichen. Ihre Aufgabe ist die Schaffung und Verbreitung einheitlicher Standards für die Bewertungspraxis, für die Ausbildung und Qualifikation sowie für das Field Corporate Governance bzw. Ethik für Gutachter.[126]

Dabei unterstützt die TEGoVA seine Mitgliedsverbände in den Ländern der Europäischen Union, wie auch in den sog. „emerging" Märkten in Mittel- und Osteuropa, bei der Einführung und Umsetzung dieser Standards.

Der Dachverband ist eine Nicht-Regierungsorganisation, bringt also auf Eigeninitiative bzw. Aufforderung die harmonisierten Anliegen der nationalen Bewertungsorganisationen bei den europäischen Institutionen ebenso ein wie er den europäischen Bewertungsstandpunkt auch gegenüber global agierenden Organisationen vertritt.

Heute vertritt die TEGoVA 38 Verbände aus 27 Ländern mit insgesamt 500.00 Mitgliedern, sowie 11 Länder mit Beobachterstatus. Die einzelnen Länder werden entweder durch einen einzigen starken Verband oder aber durch eine aus mehreren Organisationen bestehende Delegation repräsentiert.

Deutschland ist z.B. durch fünf Organisationen vertreten:

- Bundesverband öffentlich bestellter und vereidigter Sachverständiger

- Ring Deutscher Makler

- Bundesverband Deutscher Vermessungsingenieure

---

[126] Vgl. Trotz: Beherrschung von Markt-, Objekt-, Projektrisiken, Oesterich-Winkel (Vorlesung, Intensivstudium Internationale Immobilienbewertung) 2004, S. 6.

- Bundesverband Öffentlicher Banken Deutschland

- Verband deutscher Hypothekenbanken e. V.

Tabelle 19: Deutsche Organisationen in der TEGoVA

Darüber hinaus hat z.b. die Hyp Zert den Status als sog. Observer, d.h. sie ist im Informationsfluss eingebunden, kann Entwicklungen mitgestalten, hat jedoch kein Stimmrecht.

Die bekannteste Publikation, die *Europäischen Bewertungsstandards* (European Valuation Standards, EVS), wurde von verschiedenen Arbeitsgruppen erarbeitet und nach Konsultation der Fachöffentlichkeit in Form des so genannten endgültigen *„Blauen Buchs"* veröffentlicht.

Im April 2003 ist das englischsprachige Buch *„Blue Book"* in seiner 5. Auflage erschienen, eine deutsche Ausgabe gibt es seit Oktober 2003.[127] Die EVS enthalten 9 aktuelle europäische Standards, 14 Leitlinien und 6 Anhänge.

Weitere aktuelle Veröffentlichungen der TEGoVA sind der Gutachterleitfaden vor Verbriefung von Hypothekenforderungen (November 2002, deutsch und englisch) und der Bewertungsratgeber *„Property and Markting Rating"* (PaM Oktober 2003, deutsch und englisch).

Basierend auf dem Leitfaden *„Markt- und Objektrating"* wurden von einer TEGoVA-Arbeitsgruppe für 19 Nationen entsprechende Länderratings durchgeführt. In Planung ist außerdem eine Ausbildungsoffensive und das *„Approved by TEGoVA"* für Personalzertifizierungsstellen nach EN 45013.

---

[127] Vgl. Kleiber: Die „europäischen Bewertungsstandards" des Blauen Buchs, Neuwied (GuG) 2002, Heft 6, S. 322.

Das „*Blaue Buch*" hilft dem Bewerter auf der Basis aktueller europäischer Standards, Leitlinien und erläuternde Anhänge konsistente und vergleichbare Wertgutachten zu erstellen. Es ist ein Nachschlagewerk, das den Gutachter im Umgang mit Marktinnovationen, wie z.B. Verbriefung, auf dem Laufenden hält.[128] Somit kann der Bewerter im Tagesgeschäft dem wachsenden Bedürfnis seiner Auftraggeber nach Transparenz über die nationalen Grenzen und Märkte hinweg besser gerecht werden.

Einzelne Kapitel des Buches widmen sich der länderspezifischen Wertdefinition, der Bewertungsarten, der wertbeeinflussenden Faktoren, der Bewertung von Spezialimmobilien, Anlagen und Maschinen, landwirtschaftlichen Grundeigentum, Baudenkmälern etc..[129]

4.3   The Royal Institution of Chartered Surveyors (RICS)

Die britische Royal Institution of Chartered Surveyors in London (RICS) ist mit 110.000 qualifizierten Mitgliedern, Kandidaten und Studenten in 120 Ländern weltweit eine der größten berufsständischen Organisationen der Immobilienbranche, sie genießt weltweit größtes Ansehen.[130] Angeschlossen sind etwa 50 nationale Vereinigungen und Verbände.

Diese Institution wurde 1868 in Großbritannien gegründet, ihre Ursprünge liegen aber noch weitere 100 Jahre zurück. Sie erhielten 1881 von Königen Viktoria die königliche Charta und übten damit ein Monopol in England aus. Dieses Monopol ist im Rahmen

---

[128] Die aktuelle 3. Auflage des „Guide Bleu" wurde 1997 von Peter Champness im Auftrag der TEGoVA veröffentlicht [Champness: Approved European Property Valuation Standards, London (Estates Gazette) 1997].
[129] Vgl. Champness: Approved European Property Valuation Standards, London (Estates Gazette) 1997, S. IX ff.; Gelbtuch, Mackmin, Milgrim: Real Estates Valuation in Global Markets, Illinois (Appraisal Institute) 1997, S. 426, 430, 443.
[130] Vgl. Bankakademie: Sachverständigenwesen in Deutschland und Europa, Berlin (VDH) 2004, Kap. 4, S. 55.

der EU-Gesetzgebung nicht mehr zulässig, deshalb gibt es in Großbritannien inzwischen zwei weitere Verbände, die *Incorporated Society of Valuers and Auctioneers* und das *Institute of Revenues Rating and Valuation* (IRRV).

Diese drei Organisationen haben ein gemeinsames nationales Standardwerk im Januar 1996, das *„New Red Book"* herausgegeben. Offiziell trägt es den Namen *„RICS Appraisal and Valuation Manual"*.

Das alte *„Red Book"* wurde erstmals 1974 von den RICS veröffentlicht, es enthielt Wertdefinitionen und Richtlinien für „öffentliche Bewertungen". Es wurde mehrmals ergänzt und bis 1990 zweimal neu vorgeschrieben. Das für dieses Buch betrachte *„Red Book"* ist im Mai 2003 erschienen.

Die RICS Europe hat ihren Sitz in Brüssel und bildet die Dachorganisation für Europa, der *European Society of Chartered Surveyors* (ESCS) ist der europäische Verband.

1993 wurde der deutsche Verband, der DVCS (*Deutscher Verband Chartered Surveyors*) gegründet. Die DVCS in Frankfurt hat ca. 750 Mitglieder.

Die Mitglieder der RICS, sogenannte *Chartered Surveryors*, sind Auktionatoren, Immobilienmakler, Großgutsverwalter, Baukostenplaner, Projektsteurer, Bauchsachverständige, Bewertungssachverständige, Städtebau- und Projektentwicklungsberater sowie Landvermesser und Bodenschatzexperten. Etwa die Hälfte aller Chartered Surveyors gehören dem Gebiet „General Practice", allgemeine Immobilienberatung, an, wobei die Immobilienbewertung eine wichtige Rolle spielt. Allen Mitgliedern gemeinsam ist die Verpflichtung gegenüber dem Ehrenkodex, der RICS, der für alle eine verbindliche Leitlinie, *Code of Conduct*, darstellt.[131]

Die *Chartered Surveyors* müssen einen immobilienspezifischen Studiengang an einer durch die RICS akkreditierten Hochschule absolvieren, d.h. die Hochschule muss von der RICS anerkannt sein („*accredited by the RICS*").

Eine dieser Hochschulen ist in Deutschland z.B. die Europäische Business School (ebs) in Oestrich-Winkel.

In Ausnahmefällen werden auch erfahrene Praktiker und Inhaber nicht akkreditierter Titel *Chartered Surveyors*.

Nach dem Studium folgt der praktische Teil in einem Unternehmen der Immobilienwirtschaft. Den Abschluss der praktischen Ausbildung bildet das sogenannte APC „*Assessment of Professional Competence*", die Beurteilung der beruflichen Kompetenz. Bei erfolgreichem Bestehen der APC's werden die Kandidaten als sogenannte ARICS[132] (*Associate of RICS*, Zusatz hinter ihrem Namen) in die Institution aufgenommen.

Nach weiterer mehrjähriger Berufspraxis erfolgt die Ernennung zum FRICS (*Fellow of RICS*), die Krönung ist die Ernennung zum MRICS (*Master of RICS*).

Sie sind weltweit an die Richtlinien des IVSC, europaweit an die der TEGoVA und in Großbritannien an die Bewertungsgrundsätze der „*RICS Appraisal and Valuation Manual*" gebunden.

---

[131] Vgl. Bankakademie: Europäische Immobilienmärkte und ihre Bewertungsverfahren, Berlin (VDH) 2003, Kap. 1, S. 14.
[132] Vgl. Schulze: Chartered Surveyors, München (Immobilien Manager) 1998, S. 22: „Die Buchstaben stehen als Abkürzung für die Bezeichnung `Fellow´ bzw. `Professional Associate der Royal Institution of Chartered Surveyors´..."; vgl. Schulze: (1998), S. 23: "Wer fünf Jahre als ARICS in verantwortlicher Position gearbeitet hat ..., der kann den Antrag stellen, als Fellow anerkannt zu werden."

Das sogenannte „*Red Book*" gilt auch für die Mitglieder anderer britischer Berufsverbände und stellt zudem die gesetzliche britische Wertermittlungsverordnung dar.[133]

Die RICS unterstützt die TEGoVA in Bezug auf Standards, welche spezifisch für den europäischen Raum sind, sich aber innerhalb von internationalen Rahmenbedingungen bewegen. Die RICS fördert eine Harmonisierung von Bewertungsstandards, um internationale Standards unter Berücksichtigung der nationalen Gesetzgebung anzuwenden.

Die RICS als Gründungsmitglied der IVSC sieht in der IVSC die geeignete Organisation, um dieses Ziel zu erreichen. Daraus folgend entsprechen die durch IVSC und TEGoVA aufgestellten Standards im Groben denen, die sich im „*Red Book*" der RICS wiederfinden.

Die nachfolgend aufgezeigten internationalen Bewertungsgrundsätze berücksichtigen deshalb neben den im „*Guide Bleu*" aufgestellten Richtlinien die Bewertungsrichtlinien des „*RICS Appraisal and Valuation Manual*", idealerweise werden auch die IAS-Standards angewandt. [134] Dadurch soll ein verstärkter Anlegerschutz realisiert und Transparenz geschaffen werden.[135]

4.4 Das „Red Book"

Das „*Red Book*" definiert so genau wie möglich die Ziele, die vom Gutachter zu erreichen sind, um sicherzustellen, dass Wertermitt-

---

[133] Vgl. Brühl: Immobilienbewertung im internationalen Kontext, Frankfurt am Main (Seminarskript für das immoebs Seminar am 25. September 1998) 1998, S. 13 f.; vgl. Hettrich: Internationale Immobilienbewertung, Berlin (FHTW) 1998, S. 20 f.; vgl. o. V.: IZ-Tutorial: Das neue Red Book der Royal Institution of Chartered Surveyors, o. S..
[134] Vgl. Brühl: Immobilienbewertung im internationalen Kontext, Frankfurt am Main (Seminarskript für das immoebs Seminar am 25. September 1998) 1998, S. 17.
[135] Vgl. Harrop: Bilanzierung, Bewertung und Rating von Immobilien, Düsseldorf (Euroforum-Konferenz vom 16. – 17. September 2003) 2003, S. 5/5.

lungen für ähnliche Zwecke stets auf der gleichen Basis erstellt werden. Abweichungen vom „Red Book" müssen gut begründet werden.

Für alle Gutachter, die sich mit dem britischen Immobilienmarkt auseinandersetzen müssen, ist das „Red Book" Pflichtlektüre.

Andere Branchen, wie die Wirtschaftsprüfungsgesellschaften (z.B. KPMG) versuchen, sich ein Stück vom Auftragskuchen der Chartered Surveyors abzuschneiden. Sie dürfen allerdings keine offiziellen „Red–Book"-Wertermittlungen durchführen und nennen deshalb ihre Gutachten nur Schätzungen, „evaluations".[136]

Das Buch der „RICS Appraisal and Valuation Standards" („Red Book", „Rotes Buch")[137] ist gegliedert in eine Zusammenstellung von globalen und nationalen Praxis-Vorschriften („Practice Statements") und erläuternden Aufzeichnungen und Richtlinien („Guidance Notes") über die Standards, an denen man sich bei Immobilienbewertungen orientieren muss. Es wurde (s. o.) zu Beginn der 70er Jahre erstellt, damit Immobiliensachverständige im Vereinigten Königreich Standards für die Wertermittlung, für bilanzielle Zwecke und andere öffentlich zugängliche Dokumente anbieten können. Es ist verbindlich für alle Royal Chartered Surveyors weltweit. Hierdurch kann die RICS die Einhaltung der Standards erzwingen und das Verhalten der Mitglieder im Bereich der Immobilienbewertung regulieren.

Die RICS ist Gründungsmitglied des International Valuation Standards Committee (IVSC), das neue „Red Book" beinhaltet sämtliche bedeutende Aspekte der International Valuation Standards (IVS).

Die globalen und nationalen Standards (Practice Statements) sind zurzeit nur in Großbritannien erlassen worden, aber weltweit sind

---

[136] Vgl. Bankakademie: Internationale Bewertungsverfahren, Berlin (VDH) 2003.
[137] Vgl. Harrop: Bilanzierung, Bewertung und Rating von Immobilien, Düsseldorf, (Euroforum-Konferenz vom 16. – 17. September 2003) 2003, S. 3/3.

die Vereinigungen der *Chartered Surveyors* beauftragt worden, falls erforderlich, eigene Standards für ihr Land in Anlehnung an das „*Red Book*" zu entwickeln. Hierdurch soll ein gemeinsamer Rahmen für Wertermittler weltweit geschaffen werden.

Die Practice Statements beinhalten:

1. Internationale (& europäische) PS
   - Qualifikationen des Sachverständigen
   - Unabhängigkeit, Objektivität und Interessenkonflikte
   - Auftragsbedingungen, Annahmen und materielle Überlegungen,
   - Wertermittlungsgrundsatz und Anwendungen einschließlich „International Accounting Standards" (IAS)
   - Mindestanforderungen, die im Wertermittlungsbericht enthalten sein müssen
   - Wertermittlungsangelegenheiten, die in EU-Vorschriften und EU-Anweisungen enthalten sind
   - Wertermittlungen für spezifische Immobilienarten, z.B. Portfolios oder Grundstücken mit Bodenschätzen

2. Nationale PS (UK)
   - Wertermittlung für Geschäftsberichte im Einklang mit britischen Rechnungswesen Standards
   - Wertermittlung für spezifische Anwendungen in Geschäftsberichten, einschließlich Börsenprospekte Gesellschaftsübernahmen, Fondsanteile und Pensionskassen
   - Wertermittlung, deren Zweck reguliert ist, sowie Aufklärungsnotwendigkeiten nach den Carsberg-Empfehlungen (Arbeitsgruppe unter Leitung von Sir Bryan Carsberg)
   - Wertermittlung für Darlehenszwecke

- Wohnimmobilien
- Wertermittlung für britische Steuerzwecke

Tabelle 20: Bestandteile des Practise Statements

Da man das „Red Book" in den letzten 30 Jahren mehrfach ergänzt und im Jahr 1995 erweitert hat, wurde es sehr umfangreich und immer unübersichtlicher. Die letzte Novellierung folgte den Empfehlungen des „Mallinson Reports".[138] Hierzu gehörte auch die Entscheidung im Januar 1996, dass alle Bewertungen der Chartered Surveyors das „Red Book" als zwingend zu beachtende Norm anzuerkennen hatten.

1999 untersuchte der Waters Report ca. 600 Bewertungen, ob die „Red Book" Standards angewandt wurden. Es zeigte sich, dass die Vorschriften im Allgemeinen befolgt wurden, die Kunden befanden, die Qualität der Gutachten habe zugenommen. Allerdings wurde dabei auch festgestellt, dass die Auslegung der Vorschriften öfters zu Missverständnissen und zu vielen Unstimmigkeiten sowie Fehlerquellen führten.

Auf Grund dieser Erkenntnisse beauftragte das „Appraisal and Valuation Standards Board" (AVSB) ein redaktionelles Komitee mit der Ausarbeitung einer neuen Version. Diese sollte auch für zukünftige Veränderungen verantwortlich sein.

Im Januar und März 2002 standen schließlich zwei Entwürfe zur Diskussion. Nach intensiver Beratung und Einarbeitung vieler Vorschläge, Verarbeitung der Reaktionen und Konsultationen von 70 Organisationen wurde die endgültige Version im August 2002 genehmigt.

Für die Erstellung dieses Buches wurde das „Red Book" vom 1. Mai 2003 zu Grunde gelegt, neuere Fassungen des „Red Books" wurden

---

[138] Michael Mallinson erstellte 35 Empfehlungen zur Überprüfung der Bewertungsmethoden.

nicht berücksichtigt. Der Titel wurde von *„RICS Appraisal and Valuation Manual"* (RICS Schätzungs- und Bewertungshandbuch) in *„The RICS Appraisal and Valuation Standards"* (RICS Schätzungs- und Bewertungsstandards) geändert.

In der Gliederung sind folgende Abschnitte und Kapitel enthalten:

1.   Status und Anwendung

2.   Glossar

3.   Praxis und Vorschriften (weltweit)

   Kapitel 1: Qualifikation und Interessenkonflikte

   Kapitel 2: Vereinbarung der Auftragsbestätigungen

   Kapitel 3: Bewertungsgrundsätze und Anwendungen

   Kapitel 4: Besichtigung u. sachverhaltsb. Überlegungen

   Kapitel 5: Bewertungsberichte und öffentl. Bezugnahmen

   Kapitel 6: Bewertungsvorschriften der EU

4.   Richtlinien (weltweit)

5.   Praxis Vorschriften (national)

6.   Richtlinien (national)

Hierdurch gibt es eine klare Trennung zwischen Kern-Standards, die weltweite Anwendung haben, und länderspezifischen Regeln. Daher werden die Teile 5 und 6 in den verschiedenen Ländern unterschiedlich sein.

Das „*Red Book*" hat die Wertermittlungsgrundsätze des IVS übernommen, in bestimmten Fällen (z.B. Beleihungswertermittlung, Immobilienwertermittlung für Versicherungen) müssen aber auch die europäischen Bestimmungen Anwendung finden. Die wichtigste Änderung ist eine Reduktion in der Zahl der anerkannten Bewertungsgrundsätze und Wertbegriffe, hierauf wird im folgenden Kapitel eingegangen.

Die Arbeit an der neuen Ausgabe des „*Red Book*" erfolgte fast zeitgleich mit der Arbeit der „*Carsberg Working Party*". Diese wurde gebildet, um das Research Projekt der Universitäten Reading und Nottingham (The Reading / Trent Report) zu untersuchen und die RICS hierüber zu beraten und Empfehlungen auszusprechen.

Im Kern hat der Reading / Trent Report untersucht, ob Wertermittler nur „Berichterstatter" sind oder ob sie Preis, Liquidität und Umsatz im Immobilienmarkt beeinflussen können. Einige Ergebnisse des Berichts unterstreichen Aspekte, die die RICS bereits als potentielle Problemfelder identifiziert haben.[139]

---

[139] Vgl. Harrop: Bilanzierung, Bewertung und Rating von Immobilien, Düsseldorf, (Euroforum-Konferenz vom 16. – 17. September 2003) 2003, S. 11/11.

5   Wertdefinitionen

Im Gegensatz zum *„Red Book"* bietet der *„Guide Bleu"* der TEGoVA, zwei spezielle Wertdefinitionen an. Hierbei spielen die wirtschaftlichen Nutzungspotentiale eines Grundstücks die Entscheidungsgrundlage für die Anwendung der unterschiedlichen Bewertungsmethoden.

Bei der Anwendung des *„Alternative Use Value"* handelt es sich zum einen um die Betrachtung einer optimalen Ausnutzung des Grundstücks, zum anderen werden die *„Negative Values"* bei Grundstücken mit wenig oder gar keinem Ertrag herangezogen.

Auch wenn bestimmte Auflagen (z.B. Denkmalschutz) eine Rolle spielen, kommt dieses Verfahren zur Anwendung, da hier eventuell gerechtfertigte negative Cash Flow's berücksichtigt werden müssen.[140]

Die Handhabung der Bewertungsanlässe auf der Grundlage der *„RICS Appraisal and Valuation Standards"* sind im Practice Statement (PS) Nr. 1 klar definiert und für alle RICS verbindlich. Insbesondere werden hier die Grundsätze bei der Beleihungswertermittlung und im Rahmen der Kreditvergabe geregelt.

In Abhängigkeit vom Bewertungszweck und Immobilientyp (Ertrags- oder Sachwert bei Eigennutzung) werden unterschiedliche Wertbegriffe gemäß PS Nr. 3 zugrunde gelegt und in PS Nr. 4 näher erläutert. Die größte Bedeutung kommt hierbei dem Market Value (MV) zu, welcher mit dem deutschen Verkehrswert vergleichbar ist.

Früher gab es die Definition des Open Market Value (OMV), der allerdings in den neuen Richtlinien keine Rolle mehr spielt. Außer-

---

[140] Vgl. Champness: Approved European Property Valuation Standards, London (Estates Gazette) 1997, S. 24 ff., Pkt. 4.05 und 4.06.

dem gibt es Wertansätze, die in Deutschland in dieser Form nicht angewandt werden. So gibt es z.B. im Gültigkeitsbereich des „*Red Book*" kein Äquivalent zum deutschen Beleihungswert.

Nach den Vorschriften des „*Red Book*" basieren die Entscheidungsgrundlagen bei den Kreditvergaben auf dem MLV (Mortgage Lending Value) oder dem Estimated Realisation Price (ERP), (siehe Kapitel 5.5).[141]

Im alten „*Red Book*" existierten im Practice Statement 4 noch 14 Wertbegriffe. Das neue „*Red Book*" enthält nur vier wesentliche Wertdefinitionen:

- Existing Use Value (EUV)

- Market Value (MV); dies war früher das Open Market Value (OMV)

- Depreciated Replacement Costs (DRC)

- Mortgage Lending Value (MLV)

Tabelle 21: Vier Wertedefinitionen im neuen „Red Book"

5.1 Existing Use Value (EUV)

Im Practice Statement UKP, S. 1.3 ist der EUV wie folgt definiert:

„The estimated amount for which a property should exchange on the date of valuation between a willing buyer and a willing seller in an arm's length transaction, after proper marketing wherein the

---

[141] Vgl. Thomas, Leopoldsberger, Walbröhl: Immobilienbewertung, 2. Auflage, München (Oldenbourg) 2000, S. 419 f..

parties had acted knowledgeably, prudently and without compulsion, assuming that the buyer is granted vacant possession of all parts of the property required by the business and disregarding potential alternative uses and any other characteristics of the property that would cause its Market Value to differ from that needed to replace the remaining service potential at least cost."

Der Existing Use Value (EUV) wird hauptsächlich für Bilanzierungszwecke für nicht eigengenutzte Betriebsimmobilien sowie Immobilien im Bestand der öffentlichen Hand angewandt.[142] Im Gegensatz zum Market Value werden beim EUV keine potentiellen Wertsteigerungen durch alternative Nutzung oder aufgrund besonderer Investitions- oder Finanzierungstransaktionen in die Wertermittlung einbezogen, sondern der Wert für die Immobilie wird bei Beibehaltung der gegenwärtigen Nutzung ermittelt.[143] Potentielle Wertsteigerungen durch alternative Nutzung werden nicht einbezogen.[144]

Ein Markt für diese Immobilien ist nur vorhanden, wenn die Räumlichkeiten für einen potentiellen Dritten geräumt und frei werden.[145] Da man hierbei alternative Nutzungen nicht berücksichtigt, könnte die Immobilie tatsächlich aber – bei einer realisierbaren höheren Nutzung – einen höheren Wert haben. Deshalb müssen britische Gutachter auch eine alternative Nutzung berücksichtigen, für die ein höherer Kaufpreis erzielt werden kann und den sog. „*Alternative Use Value*" ermitteln.

---

[142] Vgl. Bankakademie: Europäische Immobilienmärkte und ihre Bewertungsverfahren, Berlin (VDH) 2003, Kap. 1, S. 28.
[143] Vgl. Champness: Approved European Property Valuation Standards, London (Estates Gazette) 1997, S. 20, Pkt. 4.04; vgl. o. V. (1997 f), PS Nr. 4.3; vgl. Hettrich: Internationale Immobilienbewertung, Berlin (FHTW) 1998, S. 26; vgl. Thomas, Leopoldsberger, Walbröhl: Immobilienbewertung, 2. Auflage, München (Oldenbourg) 2000, S. 420.
[144] Vgl. Evans: Bewertungsverfahren nach den Standards der RICS, Oestrich – Winkel (Vorlesung ebs) November 2004.
[145] Vgl. Gerardy, Möckel, Troff: Praxis der Grundstücksbewertung, Loseblattsammlung, Landsberg am Lech (Moderne Industrie) 2003, 1.10.3/6.

5.2 Market Value (MV)

Für die Bewertung im internationalen Bereich hat das IVCS die mit der TEGoVa abgestimmte, allgemein gefasste Definition des Marktwertes (MV) beschlossen. Im *„Red Book"* steht in PS 3.2:

„The estimated amount for which a property should exchange on the date of valuation between a willing buyer and a willing seller in an arm's-length transaction after proper marketing wherein the parties had each acted knowledgeably, prudently and without compulsion."

Die Übersetzung der Definition lautet:

„Der Marktwert ist der geschätzte Betrag, für welchen ein Immobilienvermögen am Tag der Wertermittlung (Bewertungsstichtag) zwischen einem verkaufsbereiten Veräußerer und einem kaufbereiten Erwerber, nach angemessenem Vermarktungszeitraum, in einer Transaktion im gewöhnlichen Geschäftsverkehr ausgetauscht werden sollte, wobei jede Partei mit Sachkenntnis, Umsicht und Zwang handelt."[146]

5.3 Verkehrswert im Vergleich zum Market Value

Im internationalen Vergleich kommt der britische Market Value (MV) dem deutschen Verkehrswert am nächsten, wie er in § 194 des Baugesetzbuchs (BauGB) definiert ist. Im *„Red Book"* (PS Nr. 4.2) wird dieser näher definiert und konkretisiert.

Der britische Market Value kann sinngemäß wie folgt übersetzt werden: „Der beste Preis ist der Preis, zu dem der Verkauf einer

---

[146] Vgl. Champness: Approved European Property Valuation Standards, London (Estates Gazette) 1997, S. 16, Pkt. 4.03.5.

Immobilie am Bewertungsstichtag ohne Bedingungen und gegen Barzahlung erfolgt wäre, unter der Annahme, dass

(a) ein williger Verkäufer vorhanden ist

(b) ein williger Käufer vorhanden ist

(c) beide Parteien mit Marktkenntnis, Umsicht und ohne Zwang handeln

(d) sich die Marktverhältnisse, das Preisniveau und sonstige Umstände in der Zeit zwischen Wertermittlung und Eigentumsübertragung nicht ändern

Tabelle 22: Annahmen für Bestpreis-Bewertung

Auch die deutsche Definition des Verkehrswerts beinhaltet ähnliche Inhalte und Vorgaben. So sind beide Werte unabhängig von den ungewöhnlichen und persönlichen Interessen der Käufer bzw. Verkäufer. Eine andere Bedingung des Market Value ist die Marktkenntnis der Vertragsparteien sowie ein angemessener Vermarktungszeitraum.

Der Hauptunterschied zwischen dem britischen Market Value und dem deutschen Verkehrswert liegt in der Darstellung des Marktpreises. Während der deutsche Verkehrswert eher den „durchschnittlichen" Preis, also nach herrschender Meinung den objektiven Wert, darstellt, gehen die Briten vom „besten" Preis in der Wertdefinition aus. Beim Market Value wird davon ausgegangen, dass der Verkäufer grundsätzlich versucht, den maximalen Kaufpreis zu erzielen.

Für die Anwendung beider Verfahren in der Praxis ergeben sich kaum Unterschiede im Ergebnis, da die Methodik dieser Wertermittlungsverfahren keine Trennung in „durchschnittliche" und „beste" Preise ermöglicht.

5.4   Depreciated Replacement Costs (DRC)

Die Definition in PS 3.3 lautet:

„A method of valuation which provides a recognised proxy for the Market Value of specialized properties. It is an estimate of the Market Value for the existing use of the land, plus the current gross replacement (or reproduction) costs of improvements, less allowances for physical deterioration and all relevant forms of obsolescence and optimization."

Die Übersetzung der Definition lautet:

„Ein Wertermittlungsverfahren, welches einen anerkannten Ersatz für den Marktwert bei speziellen Nutzungsverhältnissen bereit- stellt. Es stellt sich zusammen aus einer Veranschlagung des Marktwertes des Grundstückes bei vorhandener Nutzung, zuzüglich der gegenwärtigen Wiederherstellungskosten der Gebäude, abzüg- lich Abschläge für Alterswertminderung sowie sonstige objektspezi- fische und wirtschaftliche Wertminderung ohne Rücksicht auf un- gewöhnliche oder persönliche Verhältnisse."

Die Depreciated Replacement Costs (DRC) sind mit dem deutschen Sachwert zu vergleichen. Dabei müssen die Herstellungskosten nicht für ein identisches Gebäude, sondern für ein modernes Er- satzgebäude errechnet werden. Im Unterschied zum Sachwert ge- mäß der WertV 88 werden Abschläge wegen Alterswertminderung sowie sonstiger objektspezifischer und wirtschaftlicher Wertminde- rung ohne Rücksicht auf ungewöhnliche und persönliche Verhältnisse vorgenommen.[147] Dieses Verfahren bzw. dieser Begriff ist aber nur anzuwenden, wenn es keinen Markt für das Objekt gibt, z.B. wegen Spezialisierung wie das bei Kirchen, Schulen, Rathaus, Kläranlage Kraftwerk etc. der Fall ist.[148]

5.5   Mortgage Lending Value (MLV; Beleihungswert)

Man hatte in Großbritannien bis Mai 2003 keinen Wertbegriff, der mit dem deutschen Beleihungswert verglichen werden konnte. Damit hatten die Kreditinstitute keinen Wert, der ihnen das mit der Finanzierung einer Immobilie verbundene Risiko angab und einschätzte.

Bis dahin bestimmte man einen sog. Sicherheitswert, den *„Estimated Realisation Price"* (ERP), was sich nicht als praktikabel bewährte. Deshalb wurde der ERP aus dem *„Red Book"* gestrichen und der *„Mortgage Lending Value"* (MLV, Beleihungswert) eingeführt.

Die genaue Definition lautet:

„The Mortgage Lending Value shall mean the value of the property as determined by a valuer making a prudent assessment of the future marketability of the property by taking into account long term sustainable aspects of the property, the normal and local market conditions, the current use and alternative appropriate uses of the property. Speculative elements may not be taken into account in the assessment of the Mortgage Lending Value. The

---

[147] Vgl. Champness: Approved European Property Valuation Standards, London (Estates Gazette) 1997, S. 26 ff., Pkt. 4.07; vgl. o. V. (1997 c): IZ-Tutorial: Der Entscheidungsbaum bei der Immobilienbewertung, in: Wiesbaden (Immobilien Zeitung) 1997, Heft 10, o. S..
[148] Vgl. Evans: Bewertungsverfahren nach den Standards der RICS, Oestrich – Winkel (Vorlesung ebs) November 2004.

Mortgage Lending Value shall be documented in a transparent and clear manner."[149]

Die Übersetzung lautet:

„Als Beleihungswert gilt der Wert der Immobilie, der von einem Schätzer ermittelt wird, welcher eine sorgfältige Schätzung der künftigen Marktgängigkeit der Immobilie unter Berücksichtigung ihrer dauerhaften Eigenschaften der normalen und örtlichen Marktbedingungen, ihrer derzeitigen Nutzung sowie angemessener Alternativnutzungen vornimmt. In die Schätzung des Beleihungswertes fließen keine spekulativen Gesichtspunkte ein. Der Beleihungswert ist in transparenter und eindeutiger Weise zu belegen."[150]

---

[149] Vgl. Bankakademie: Europäische Immobilienmärkte und ihre Bewertungsverfahren, Berlin (VDH) 2003, S. 28.
[150] Vgl. RICS Deutschland: Valuation Faculty Board, 2. Fassung September 2003, o. S..

6   Internationale Verfahren zur Wertermittlung von Immobilien

Die „*Blue Books*", die von der TEGoVA herausgegeben werden, enthalten erst seit ihrer 4. Auflage (im November 2000) neben Wertdefinitionen Anleitungen zu den Bewertungsmethoden. In der internationalen Bewertungspraxis haben sich sechs Verfahren durchgesetzt, die im „*Guide Bleu*" kurz benannt und nachfolgend näher beschrieben werden.[151] Diese sind:

- Direct Value Comparison Approach (auch Comparison Method bzw. Comparative Method genannt; Vergleichswertverfahren)

- The Cost Approach (Sachwertverfahren)

- The Income Approach 1 (Investment Method = Ertragswertverfahren)

- The Income Approach 2 (Profit Method = Gewinnmethode)

- Discounted Cash Flow (DCF =Barwertmethode)

- The Residual Method (Residualwertmethode).[152]

Tabelle 23: Die sechs Verfahren der int. Bewertungspraxis

Die TEGoVA hat es sich zum Ziel gesetzt, zu einer Harmonisierung der Immobilienbewertungspraxis in Europa beizutragen. Sollten die Vorgaben zur Bewertungsmethodik des „*Blue Book*" von allen europäischen Bewertungssachverständigen anerkannt und übernommen werden, so wäre man einen großen Schritt weiter.

---

[151] Vgl. Champness: Approved European Property Valuation Standards; London (Estates Gazette) 1997, S. 109 f., Pkt. 11.07.5 ff..
[152] Vgl. TEGoVA 2000: 240 ff..

Da in den verschiedenen europäischen Ländern unterschiedliche nationale Gesetze und Verordnungen ein einheitliches Vorgehen bei der Immobilienbewertung erschweren, haben die Vorgaben der TEGoVA bis heute nur Empfehlungscharakter.

In Großbritannien gibt es keine vergleichbare WertV 88 bzw. WertR 2002. Der Gesetzgeber schreibt keine Wertermittlungsverfahren vor, selbst im „Red Book" werden keine Bewertungsmethoden empfohlen.

Die Richtlinien der RICS definieren zwar recht genau die zu ermittelnden Wertbegriffe, im Gegensatz zur WertV88 enthalten sie jedoch keine Vorgaben, welche Methoden bei der Wertermittlung anzuwenden sind. Welche Methode in Großbritannien angewandt wird, hängt von verschiedenen Faktoren ab, z.B. von Art und Zustand der Immobilie, von der Lage des Immobilienmarktes zum Zeitpunkt der Bewertung.[153]

6.1   Direct Value Comparison Approach (Vergleichswertverfahren)

Diese Methode wird in Großbritannien bevorzugt bei der Bewertung von unbebauten Grundstücken, Wohnungen, Doppel- oder Reihenhäusern verwendet.[154] In der Vorgehensweise und dem Anwendungsbereich stimmt die Comparative Method weitgehend mit dem deutschen Vergleichswertverfahren überein.[155]

Das Grundprinzip ist sehr einfach, da man den freien Marktwert einer Immobilie durch Vergleich von Werten, die durch Heranzie-

---

[153] Vgl. Heidinger, Hubalek, Wagner: Immobilienbewertung nach angelsächsischen Grundsätzen, Wien (Orac) 2000, S. 39.
[154] Vgl. Leopoldsberger: Kontinuierliche Wertermittlung von Immobilien, Köln (Müller) 1999, S. 93.
[155]Vgl. Hettrich: Internationale Immobilienbewertung, Berlin (FHTW) 1998, S. 29 f.; vgl. Thomas, Leopoldsberger, Walbröhl: Immobilienbewertung, 2. Auflage, München (Oldenbourg) 2000, S. 421.

hung jüngster Beispiele von Transaktionen vergleichbarer Immobilien auf dem Markt gewonnen werden, bestimmt. Dabei drückt man
die Werte oftmals pro Quadratmeter aus, um vergleichbare Werte
für Immobilien unterschiedlicher Größe bekommen zu können.[156]

Die Vergleichswertmethode hat die folgenden drei Hauptanwendungsgebiete:

- als Bewertungsmethode

- bei der Marktanalyse

- zur Überprüfung anderer Bewertungsergebnisse

Tabelle 24: Hauptanwendungsgebiete der Vergleichsmethode

Als Bewertungsmethode wird der Vergleichswert zum einen vorrangig bei einfachen Immobilienarten ermittelt und zum anderen
von Personen, die sich nicht hauptberuflich mit Bewertungen be-
schäftigen.[157]

Im gewerblichen Bereich wird dieses Verfahren herangezogen,
wenn z.B. Entscheidungen über die Anmietung von Büroflächen
getroffen werden müssen. Hierbei gibt es oft Vergleichsobjekte auf
dem Markt, wobei die Vergleichsdaten aus Angeboten von Maklern,
Zeitungsannoncen, Vermietungsschildern, etc. genommen werden
können. Dabei werden hauptsächlich die Faktoren Preis, Lage und
Ausstattung der Immobilie berücksichtig.

Bei der Auswertung von Marktdaten ist die Vergleichsmethode
weniger gebräuchlich als z.B. die Investment-Methode. Bei der
Berücksichtigung von Mieten muss ermittelt werden, ob es sich um

---

[156] Vgl. Heidinger, Hubalek, Wagner: Immobilienbewertung nach angelsächsischen Grundsätzen, Wien (Orac) 2000, S. 39.
[157] Vgl. White, Turner, Jenyon, Lincoln: Internationale Bewertungsverfahren für das Investment in Immobilien, 3. Auflage, Wiesbaden (IZ-Verlag) 2003, S. 85.

nominale oder effektive Mieten handelt und ob Vergleichsobjekte zum derzeitigen Marktmietpreis vermietet wurden oder darüber bzw. darunter. Ab- bzw. Zuschläge für Unterschiede in Lage, Ausstattung, Flächenberechnung, Mietvertragskonditionen etc. müssen kalkuliert werden.

Wird die Vergleichswertmethode zur Überprüfung von Ergebnissen anderer Bewertungsmethoden eingesetzt, so sollte man die Werte entweder mit dem Discounted Cash Flow-Verfahren oder mit dem Residualwertverfahren anhand von Markt- oder Erfahrungswerten überprüfen. Bei Hotelbewertungen vergleicht man die Zimmerkapitalwerte anderer Hotels, bei Wohn- und Gewerbeimmobilien vergleicht man Quadratmeterkapitalwert.

Das Vergleichswertverfahren findet bei der Bewertung von Einfamilienhäusern in Großbritannien eine größere Akzeptanz als in Deutschland, wo man eher das Sachwertverfahren für derartige Objekte anwendet. Dies lässt sich mit der höheren Markttransparenz, vor allem in Ballungszentren wie London, erklären.[158]

In Deutschland steht einer ausreichenden Transparenz die differenzierte Struktur der regionalen Immobilienmärkte entgegen.[159]

Eine vergleichende Betrachtung bei der Bewertung zugrunde gelegten Daten hat ergeben, dass sich britische Sachverständige stärker an den Besonderheiten des einzelnen Objektes orientieren bzw. sich bemühen entsprechende Vergleichsobjekte zu finden, während deutsche Gutachter eher auf andere Methoden zurückgreifen.[160] Dies kommt auch dadurch, dass deutsche Sachverständige, wenn sie nicht dem Gutachterausschuss angehören, nur schwer an die Kaufpreissammlung der Gutachterausschüsse gelan-

---

[158] Vgl. Schulte: Immobilienökonomie, Band 1, 2. Auflage, München (Oldenbourg) 2000, S. 421.
[159] Vgl. Rüchardt: Bemerkungen zur Immobilienbewertung in Deutschland und Großbritannien, Neuwied (GuG) 1991, Heft 6, S. 310.
[160] Vgl. Downie, Schulte, Thomas: Valuation Practice in Europe: Germany, London (E & FN Spon) 1996, S. 139.

gen. Da aber die meisten Gutachterausschüsse (Ausnahme: Groß-
städte) mangels Personal keine Kaufpreissammlungen erstellen,
steht in den meisten Regionen Deutschlands kein vergleichbares
Material zur Verfügung.

Unterschiede technischer Art bestehen in der fehlenden Aufteilung
in Gebäude- und Bodenwert beim angelsächsischen Verfahren und
in der häufigen Anwendung des Gesamt-Objektvergleiches anstatt
einer Aufschlüsselung über die Flächen.[161]

6.2   The Cost Approach (Sachwertverfahren)

Die Depreciated Replacement Cost Method, auch als Cost Approach
oder als Contractor's Test bezeichnet, die mit dem deutschen
Sachwertverfahren verglichen werden kann, wird in Großbritannien
und den USA weniger angewendet als in Deutschland. Das Sachwertverfahren wird zum einen verwendet, wenn sogenannte Spe-
cialised Properties, wie z.B. Kirchen, Krankenhäuser und Schulen
zu bewerten sind, bei denen kaum oder gar nicht auf Vergleichs-
transaktionen zurückgegriffen werden kann, zum anderen bei der
Bewertung von Immobilien zu Steuer-, Versicherungs- und Bilan-
zierungszwecken.[162]

Bei der Sachwertermittlung werden die für den Bau einer Immobilie eingesetzten oder bei einer Neuerrichtung einzusetzenden Ma-
terialien kalkuliert. Oft gehen Verkäufer einer Immobilie fälschlicherweise davon aus, dass der Wert ihrer Immobilie beim Verkauf
den Herstellungskosten abzüglich einer gewissen Alterswertminderung entsprechen muss. Sie bedenken nicht, dass Angebot und
Nachfrage den offenen Marktwert einer Immobilie ergeben, das

---

[161] Vgl. Leopoldsberger: Kontinuierliche Wertermittlung von Immobilien, Köln (Müller) 1999, S.
95.
[162] Vgl. Champness: Approved European Property Valuation Standards, London (Estates Gazette) 1997, S. 110, Pkt. 11.07.12 b; vgl. o. V.: IZ-Tutorial: Over-rented Immobilien: Alternative
Bewertungsmethoden, In: Wiesbaden (Immobilien Zeitung) 1996 a, Heft 1, o. S..

bedeutet der Sachwert hat nichts mit dem Marktwert einer Immobilie gemein.[163]

---

[163] Vgl. White, Turner, Jenyon, Lincoln: Internationale Bewertungsverfahren, 3. Auflage, Wiesbaden (IZ-Verlag) 2003, S. 155.

6.2.1 Methodik

Das Sachwertverfahren wird auf internationaler Ebene bei der Bewertung spezieller Immobilien oder spezieller Umstände herangezogen, und zwar:

- „bei der Ermittlung der abgeschriebenen Wiederherstellungskosten Depreciated Replacement Cost (DRC) von Spezialimmobilien zu Bilanzzwecken

- bei der Berechnung von Neubaukosten

- bei der Ermittlung von Wiederbeschaffungskosten von Immobilien zu Versicherungszwecken

- bei der Bewertung von Immobilien, die sich in der Bauphase befinden[164]

Tabelle 25: Int. Einsatzgebiete des Sachwertverfahrens

Bei den Punkten 1 und 2 müssen sowohl das Grundstück als auch die darauf befindlichen Gebäude bewertet werden, die Grundstücksbewertung fällt bei Punkt 3 weg, da das Grundstück im Schadensfall Eigentum des Versicherungsnehmers bleibt. Bei Punkt 4 muss der Marktwert berechnet werden.

Hinsichtlich der methodischen Vorgehensweise stimmen der Cost Approach und das deutsche Sachwertverfahren weitgehend überein. Analog zu den Vorschriften der WertV 88 werden die Depreciated Replacement Costs als Summe des Bodenwertes und des Wertes der baulichen Anlagen bestimmt.[165]

---

[164] Vgl. White, Turner, Jenyon, Lincoln: Internationale Bewertungsverfahren, 3. Auflage, Wiesbaden (IZ-Verlag) 3002, S. 155.
[165] Vgl. Hettrich: Internationale Immobilienbewertung, Berlin (FHTW) 1998, S. 31; vgl. Thomas, Leopoldsberger, Walbröhl: Immobilienbewertung, 2. Auflage, München (Oldenbourg) 2000, S. 443.

Zur Bewertung des Bodenwertes lässt das „*Blue Book*" der TEGoVA zusätzlich zur Comparative Method die Residual Method zu.[166] Eine Ausnahme besteht bei der Bewertung zu Versicherungszwecken (s. o.), hier muss das Grundstück gar nicht bewertet werden.[167]

Bei der Residual Method zieht man vom Reinertrag der baulichen Anlagen die Gebäudewertverzinsung ab, teilt diesen Betrag durch den Kapitalisierungszinssatz für Grund und Boden und erhält so den Grundstückswert als Restwert.[168]

Bei der Schätzung der Wiederherstellungskosten geht man davon aus, dass exakt das gleiche Gebäude wieder neu errichtet wird. Es stellt sich immer die Frage, was würde ein Gebäude, das vor 20 Jahren gebaut wurde heute als Neubau kosten. Von diesem Wert werden dann eventuelle Bauschäden und Baumängel sowie die AfA und der Investitionsstau (Modernisierungsaufwand) abgezogen.

Oder man ermittelt die Kosten für ein sogenanntes Simple Substituted Building. Dieser zweite Ansatz ist in Deutschland nicht erlaubt, er geht von einem wiederherzustellenden Gebäude aus, welches in der Funktion, aber nicht in der Ausführung dem existierenden Gebäude entsprechen muss.

Die Bewertung der baulichen Anlagen erfolgt in Deutschland auf der Basis der Normalherstellungskosten. Als Frage stellt sich in diesem Zusammenhang, was sind überhaupt die Normalherstellungskosten (NHK) und auf welchen historischen Wert basieren diese Daten?

Bis 1995 wurden Verkehrswerte auf der Basis des Brandversicherungswertes von 1913/1914 berechnet und mit einem Indexfaktor multipliziert. Dabei wurde der Grund und Boden nicht berücksich-

---

[166] Vgl. Crosby: Valuation Practice in Europe: United Kingdom, London (E & FN Spon) 1996, S. 296.
[167] Vgl. White, Turner, Jenyon, Lincoln: Internationale Bewertungsverfahren für das Investment von Immobilien, 3. Auflage, Wiesbaden (IZ-Verlag) 2003, S. 155.
[168] Vgl. TEGoVA: 2000, S. 256 ff.

tigt. Auch die Lage spielt keine Rolle. Ein Haus in Rostock wurde genauso bewertet wie ein Haus in München oder Stuttgart. Dass diese Vorgehensweise mit Mängeln behaftet war, erkannte auch die Bundesregierung. Im Jahre 1995 wurde Professor Mittag beauftragt, im gesamten Bundesgebiet die Baukosten und Lohnkosten zu ermitteln.

Seit 1995 liegen deshalb zuverlässige Daten vor, auf deren Basis man mittels zeitnaher und realistischer Zahlen die Gutachten aufbauen konnte. Dieses Zahlenmaterial wurde im Jahre 2000 aktualisiert. Deshalb spricht man heute von der NHK 2000.

Die historischen Werte von 1914 gehören erfreulicherweise der Vergangenheit an. Trotzdem arbeiten noch viele Sachverständige mit diesen Brandversicherungswerten von 1913/1914. In der Praxis kommt es daher nicht selten zu erheblichen Abweichungen zwischen den alten 1913/1914-er Werten und den NHK 2000.

Die Grundlage in Deutschland für die Massenermittlung war der Kubikmeter umbauten Raums. Heute wird mit dem Brutto-Raum-Inhalt oder mit Flächenmaßen wie Bruttogeschossfläche (BGF) oder Nettowohnfläche (NWFl) gerechnet.

Dem gegenüber wurden in Großbritannien schon immer die flächenbezogenen Kostenansätze angewendet. Alternativ bietet sich dem englischen Sachverständigen die Kostenschätzung auf Basis der Unit Costs, so beispielsweise die Kosten pro Bett in Krankenhäusern oder Hotels.

Als Informationsquelle für die RICS in England dient der *„Building Cost Information Service"* sowie die Werke *„Spon's Architects"* und *„Builders' and Price Book"*.[169]

---

[169] Vgl. Scarrett: Property Valuation, London (E & FN Spon) 1991, S. 175 f..

Nach der Wertermittlung für Boden und Gebäude ist auch der Aspekt der wirtschaftlichen, umweltbedingten, funktionalen oder strategischen Überalterung zu berücksichtigen.[170]

Hinsichtlich der Abschreibungsmethode bezüglich der ermittelten Kosten existiert für die Cost Approach Method genau wie für die deutsche Sachwertmethode keine besondere Vorschrift. Meistens wird als Standardverfahren zur Ermittlung des Abzuges von den Brutto- zu den Nettowiederherstellungskosten die lineare Abschreibung, die sogenannte Straightline Depreciation Method angewandt.[171]

Alternativ wird mitunter geometrisch-degressiv nach der Declining Balance Method abgeschrieben.[172]

Vorzugshalber ist von einem mathematischen Modell auszugehen, welches eine höhere Abschreibung in den frühen Jahren eines wirtschaftlichen Lebenszyklus einer Immobilie annimmt.[173] Dieses Modell wird als *„reduzierende Gleichgewichtsmethode"* bezeichnet.

Die Abschreibung für Wertminderung aufgrund geänderter funktionaler Anforderungen an die Immobilie ist in den Richtlinien der RICS explizit geregelt.[174] Dies ist mit der deutschen Regelung in § 25 WertV 88 vergleichbar, nach der sonstige wertbeeinflussende Umstände, wie beispielsweise die wirtschaftliche Überalterung der Anlagen mittels Zu- bzw. Abschlägen, Berücksichtigung finden.

---

[170] Vgl. European Valuation Standards, 2003, 2. Auflage, Bonn (VÖB – Service GmbH) 2003, S. 330.
[171] Vgl. Connellan, Baldwin: The Cost Approach to Valuation, London (Journal of Property Valuation & Investment) 1992, S. 53.
[172] Vgl. Thomas, Leopoldsberger, Walbröhl: Immobilienbewertung, 2. Auflage, München (Oldenbourg) 2000, S. 442.
[173] Vgl. European Valuation Standards 2003, 2. Auflage, Bonn (VÖB – Service GmbH) 2003, S. 331.
[174] Vgl. The Royal Institution of Chartered Surveyors (Editors): RICS Appraisal and Valuation Manual („Red Book"), London 1995, letzte Ergänzungslieferung 1997.

6.2.2 Bewertung

Grundsätzlich bestehen keine gravierenden Unterschiede zwischen der deutschen und der angelsächsischen Form des Sachwertverfahrens.

Ein Unterschied besteht in der Methode, die zur Bodenwertermittlung herangezogen wird. Der Bodenwert wird im deutschen Sachwertverfahren gemäß § 21 Abs. 1 WertV nach dem Vergleichswertverfahren ermittelt, in England meistens nach dem Residualwertverfahren.

Das Residualwertverfahren ist nach der deutschen Gesetzgebung nicht zulässig, gewinnt aber zunehmend an Bedeutung, z.B. bei Projektentwicklern.

Die Ermittlung der Wiederherstellungs- bzw. Baukosten erfolgt in beiden Ländern auf der Grundlage von Flächenmetern- bzw. Raummeterpreisen und ist somit gleichzusetzen, auch die methodische Vorgehensweise stimmt weitgehend überein.

Der Hauptunterschied in der Anwendung des Sachwertverfahrens zwischen Großbritannien und Deutschland liegt darin, dass in England die Comparative Method (Vergleichswertverfahren) und in Deutschland noch immer das Cost Approach (Sachwertverfahren) zur Bewertung von Einfamilienhäusern benutzt wird. Genau die unterschiedliche Vorgehensweise führt immer wieder zu heftigen Diskussionen zwischen den britischen Sachverständigen und den deutschen Bewertern.

Es gibt deutsche Bewerter, die zunehmend das Sachwertverfahren oder das Ertragswertverfahren bei der Bewertung von Einfamilienhäusern ablehnen und das Vergleichswertverfahren anwenden.

Bei Zwangsversteigerungen wird auch bei Einfamilienhäusern immer das Zwei-Säulenmodell gefordert, das bedeutet, dass immer das Sachwertverfahren oder das Ertragswertverfahren verwendet werden muss, je nachdem ob das Einfamilienhaus eigengenutzt oder vermietet ist.

Beim Anfertigen von eigenen Gutachten wird ebenfalls nach dem Zwei-Säulenmodell vorgegangen. Gerade beim Einfamilienhaus ist kaum ein Haus mit einem anderen Haus vergleichbar. Die Lage, Größe, Ausstattung, sowie die Art und das Maß der baulichen Nutzung verdeutlichen dies.

Das Vergleichswertverfahren für Einfamilienhäuser wird deshalb überwiegend abgelehnt, lediglich bei unbebauten Grundstücken hat das Vergleichswertverfahren seine Berechtigung. Als stützende Berechnung mag es ebenfalls sinnvoll sein.[175]

Der Unterschied zur englischen Bewertungspraxis basiert also nicht so sehr auf den unterschiedlichen Ansichten, sondern vielmehr auf unterschiedlichen Ausgangspunkten.[176]

6.2.3 The Income Approach 1 (Investment Method; Ertragswertverfahren)

Die britische Form des Ertragswertverfahrens, oft auch als Income Approach bezeichnet, gilt als Königin der britischen Bewertungsverfahren.[177]

„Of all methods of valuation applied to property, the investment method has attracted most scrutiny and research in the UK."[178]

---

[175] Vgl. Kapitel 3.3.3 dieser Arbeit.
[176] Vgl. Downie, Schulte, Thomas: Valuation Practice in Europe: Germany, London (E & FN Spon) 1996, S. 139.
[177] Vgl. Hettrich: Internationale Immobilienbewertung: Berlin (FHTW) 1998, S. 32.
[178] Vgl. Crosby: Valuation Practice in Europe (London (E & FN Spon) 1996, S. 278.

So findet dieses Verfahren besonders häufig bei der Bewertung von Immobilien, die unter Renditegesichtspunkten erworben bzw. veräußert werden, aber auch bei eigengenutzten Wohn- und Gewerbeimmobilien Anwendung.[179]

Hinsichtlich ihres Anwendungsbereichs stimmen die britische Investment Method und das deutsche Ertragswertverfahren weitgehend überein. Erhebliche Unterschiede bestehen jedoch in der methodischen Vorgehensweise.[180]

6.2.4 Methodik bei Rack-Rented Properties

Die Bewertung von *„rack-rented properties"* (zum vollen Mietwert vermietete Liegenschaften) stellt den einfachsten Anwendungsfall dar. Die Voraussetzung hierfür ist, dass regelmäßige Mietanpassungen vertraglich vorgesehen sind. Diese Mieten müssen auch periodisch an den Markt angeglichen werden.

Mit diesen aktuellen Mietwerten werden dann die Nettoerträge kapitalisiert. Der Unterschied zwischen der angelsächsischen und der deutschen Vorgehensweise liegt darin, dass die Angelsachsen mit den vereinbarten Mieten (Current Rent) und die deutschen Gutachter mit den nachhaltigen Mieten kalkulieren. Stimmt die gezahlte Miete mit der marktüblichen Miete überein, spricht man von Rack-Rented Properties.[181]

Die Höhe der Miete spiegelt immer das Verhältnis von Angebot und Nachfrage wider. In England werden Mietverträge mit langer Laufzeit abgeschlossen und in regelmäßigen Abständen an den Markt

---

[179] Vgl. Britton, Davies, Johnson: Modern Methods of Valuation, 8. Auflage, London (Estates Gazette) 1989, S. 14; vgl. Brühl: Immobilienbewertung im internationalen Kontext, Frankfurt am Main (Seminarskript für das immoebs Seminar am 25. September 1998) 1998, S. 29.
[180] Vgl. Thomas, Leopolsberger, Walbröhl: Immobilienbewertung, 2. Auflage, München (Oldenbourg) 2000, S. 437.
[181] Vgl. Brühl: Immobilienbewertung im internationalen Kontext, Frankfurt am Main (immoebs) 1998, S. 30; vgl. Scarrett: Property Valuation, London (E & FN Spon) 1991, S. 59.

durch Mieterhöhungen angepasst (Term-and Reversion).[182] Dass Mieten – wie das in Deutschland z.B. bei der Koppelung der Miethöhe an einen Index manchmal geschieht – auch nach unten fallen können, ist den Engländern überhaupt nicht bekannt.

Wichtig bei der Ermittlung des Verkehrswertes ist die genaue Erfassung der Bewirtschaftungskosten, die sogenannten Outgoings. Hierzu zählen insbesondere die Aufwendungen für Instandhaltung, Versicherungen, Steuern und Betriebskosten.

Betriebskosten sind Bewirtschaftungskosten und Verwaltungskosten (Management Fees). Das Risiko eines Mietausfalls wird in England abweichend von der WertV 88 nicht in den Bewirtschaftungskosten berücksichtig.[183]

Viele Vermieter versuchen, möglichst alle Kosten den Mietern aufzubürden (*full repairing and insuring leases*). Bei solchen Mietverträgen ist der Mieter für die Zahlung sämtlicher Betriebs- und Instandhaltungskosten verantwortlich.

In Deutschland wären solche Verträge undenkbar. Allein das neue Mietrecht in Deutschland (2005) mit einer Kündigungsfrist von nur 3 Monaten (auch für Altverträge) verdeutlicht, dass solche Verträge bei uns niemals Bestand haben könnten. Ein Sachverständiger ist daher gut beraten, wenn er die vorliegenden Mietverträge auswertet und sich immer an die neueste Rechtsprechung hält.

Deutschland ist ein Land, das verbraucherfreundlich orientiert ist. Mieterfluktuation, Arbeitslosigkeit und Leerstand sind nur einige Gründe dafür, dass die Marktmieten in Deutschland in vielen Regionen rückläufig sind. Dieser Prozess wird durch mieterfreundliche Gesetzgebung noch beschleunigt.

---

[182] Vgl. Thomas (1995 a): Income Approach versus Ertragswertverfahren (Teil 1), Neuwied (GuG) 1995, Heft 1, S. 36.
[183] Vgl. Brühl: Immobilienbewertung im internationalen Kontext, Frankfurt am Main (immoebs) 1998, S. 69.

Würden deutsche Gutachter mit den realen Mieten und nicht mit den (ortsüblichen) Vergleichsmieten kalkulieren, so würden die Verkehrswerte (Ertragswerte) an den weniger nachfragestarken Standorten ungünstiger ausfallen. Viele Hausbesitzer können nur schwer nachvollziehen, warum ihre Mietshäuser in den letzten Jahren an Wert verloren haben (durch fallende Mieten), obwohl regelmäßig Modernisierungsmaßnahmen und Instandhaltungsmaßnahmen durchgeführt wurden.

Hierzu sei aber erneut auf die großen Unterschiede in den demographischen Entwicklungen der verschiedenen deutschen Bundesländer verwiesen. In wirtschaftlich starken und zusätzlich sehr beliebten „Wachstumsregionen" wie z.B. Baden-Württemberg und Bayern findet man eine grundlegend andere Situation vor, als z.B. in Mecklenburg-Vorpommern und Sachsen-Anhalt, oder auch in weiten Teilen des Ruhrgebietes.

Ein weiter wichtiger Unterschied liegt in der Trennung von Boden- und Gebäudeertragswert. Die separate Verzinsung des Bodenwertes beim deutschen Ertragswertverfahren ist methodisch nicht einwandfrei. Kritiker führen ins Feld, dass unbebautes Land keine oder nur geringe Erträge (z.B. Ackerland) abwirft. Die Trennung in Boden- und Gebäudeertragswert wird in der angelsächsischen Bewertung nicht vollzogen.

Eine Restnutzungsdauer der Gebäude wird nicht explizit berücksichtig, sondern die Erträge aus der Immobilie[184] als ewige Rente angenommen. Stattdessen ist es möglich, notwendige Anpassungen im Kapitalisierungszins vorzunehmen.

In der angelsächsischen Wertermittlungspraxis werden hierzu empirisch Vervielfältiger, sogenannte Years Purchase (Y. P.) nach

---

[184] Anmerkung: Immobilie = Boden + Gebäude

folgender Formel abgeleitet und nach Objekt- und Altersgruppen gegliedert:[185]

$$V.P. = \frac{Kaufpreis}{Jahresreinertrag}$$

In Deutschland wird als Alternative zum Years Purchase mit einem marktorientierten Liegenschaftszins kapitalisiert.[186] Die Unterschiede zwischen den beiden Methoden kommen bei langen Laufzeiten (mehr als 50 Jahre) kaum zum Tragen.[187]

Die Kapitalisierung der Jahresreinerträge (Net Income) erfolgt in Form einer ewigen Rente nach der Rentenbarwertformel. Der gewählte Kalkulationszinsfuß kann auf Basis der Renditen erfolgen, die bei vergleichbaren Transaktionen erzielt wurden.

Diese Vorgehensweise zur Ermittlung des sogenannten All Risks Yield (ARY; Kapitalisierungszins unter Berücksichtigung aller Risiken) stellt ein Äquivalent zum deutschen Liegenschaftszinssatz dar. Zusätzlich wird versucht, sämtliche wertbestimmenden Determinanten zu erfassen. So resultiert beispielsweise die Vereinbarung ungewöhnlich langer Zeiträume zwischen den Mietanpassungen, sowie die Übernahme der Outgoings (mögliche beim Mietverhältnis auftretende Ausgaben) durch den Vermieter, in einem erhöhten Zins. Ebenso werden Zuschläge für Mietausfälle bei mangelhafter Bonität der Mieter notwendig.[188]

Alternativ ließe sich der ARY als eine Art Opportunitätsrendite aus dem Vergleich mit festverzinslichen Wertpapieren ermitteln. Aufgrund aufwendiger, mathematisch nicht erfassbarer Zu- und Ab-

---

[185] Vgl. Kleiber, Simon, Weyers: Verkehrswertermittlung von Grundstücken, 3. Auflage, Köln (Bundesanzeiger) 1998, S. 1420.
[186] Vgl. Kleiber, Simon, Weyers: Verkehrswertermittlung von Grundstücken, 3. Auflage, Köln (Bundesanzeiger) 1998, S. 1420.
[187] Vgl. Kleiber, Simon, Weyers: Verkehrswertermittlung von Grundstücken, 3. Auflage, Köln (Bundesanzeiger) 1998, S. 1420.
[188] Vgl. Thomas, Leopoldsberger, Walbröhl: Immobilienbewertung, 2. Auflage, München (Oldenbourg) 2000, S. 423 f..

schläge erweist sich diese theoretische Vorgehensweise jedoch als wenig praktikabel[189] und funktioniert in der langjährigen Niedrigzinsphase nicht:

Opportunitätsrendite festverzinslicher Wertpapiere
(Rentenpapiere)

+

Aufschlag für das Risiko der Immobilieninvestition
(Bonitätsrisiko, Leerstand, Inflation, Risiko der technischen und wirtschaftlichen Überalterung, etc.)

-

Abschlag für die potentielle Miet- und Kapitalwertsteigerung von Gebäuden und Standort

=

All Risks Yield der zu bewertenden Immobilie

Die Möglichkeit, sämtliche immobilienspezifische Risiken im Kapitalisierungszins zu berücksichtigen, muss kritisch betrachtet werden. Dies lässt sich mit der hohen Sensitivität bezüglich des Endwertes begründen. Lediglich bei einem vertraglichen Ausschluss sämtlicher Risiken und nicht kalkulierbarer Aufwendungen ist eine hinreichende Genauigkeit des ARY gegeben.

Dies wurde speziell in Großbritannien in der Vergangenheit durch die marktbeherrschende Position institutioneller Anleger gewährleistet. Es hatte sich ein auf diese Anlegergruppe speziell zugeschnittener Mietvertrag (Institutional Lease), der „25-year upward only FRI lease" herauskristallisiert und durchgesetzt.[190]

---

[189] Vgl. Hettrich: Internationale Immobilienbewertung, Berlin (FHTW) 1998, S. 35; vgl. Scarrett: Property Valuation, Londen (E & FN Spon) 1991, S. 57.
[190] Vgl. Brühl: Immobilienbewertung im internationalen Kontext, Frankfurt am Main (immoebs) 1998, s. S. 29; Hettrich: Internationale Immobilienbewertung, Berlin (FHTW) 1998, S. 32 f.,: Der „25-year upward only FRI lease" ist gekennzeichnet durch: 1. Mietvertragslaufzeiten von 25 Jahren („25 year term"), 2. Umlage nahezu aller Bewirtschaftungskosten auf den Mieter („full repairs and insuring, kurz FRI"), 3. Wertsicherung des Mietvertrages durch eine Marktanpassung, i. d. R. alle 5 Jahre ausschließlich nach oben („5-year upward – only rent review"), 4. bei Untervermietung oder Übertragung des Mietvertrages bleibt der ursprüngliche Mieter über die gesamte Dauer des Mietvertrages verpflichtet („privity of contract").

Es ist jedoch international eine von diesem Vertragsmodell abweichende Tendenz mit weitaus kürzeren Laufzeiten zu beobachten,
so dass die Anwendung des ARY zunehmend ungenauer und
schwieriger wird.

Nach der Ermittlung des ARY ergibt sich der Investitionswert (Investment Value) aus folgender Formel:[191]

$$InV = (E - OutG) \cdot \frac{1}{ARY} \pm wbU - PurC$$

Formel 3: Investitionswert nach Ermittlung des ARY

Da der All Risks Yield den Kehrwert des Years Purchase darstellt,
lässt sich die Formel alternativ wie folgt darstellen:

$$InV = (E - OutG) \cdot Y.P. \pm wbU - PurC$$

Formel 4: Investitionswert nach Ermittlung des Y.P.

InV	=	Investment Value
ARY	=	All Risks Yield
Y.P.	=	Years Purchase
E	=	Mieteinnahmen (Current Rent)
OutG	=	Outgoings
wbU	=	sonstige werbeeinflussende Umstände
PurC	=	Erwerbsnebenkosten

Ein weiterer Unterschied zum deutschen Ertragswertverfahren
besteht in der Orientierung an den Nettoanfangsrenditen (Net
Initial Yield). Durch die Berücksichtigung der Erwerbsnebenkosten

---

[191] Vgl. Evans: Bewertungsverfahren nach den Standards der RICS, Oestrich – Winkel (Vorlesung ebs November 2004) 2004.

(Purchaser's o-costs) wird den unterschiedlichen Sichtweisen von Käufer und Verkäufer Rechnung getragen.[192]

6.2.5 Term & Reversion Approach / Top Slicing Approach

Um den Investment Value auf Basis des Term and Reversion Approach zu ermitteln, sind die unterschiedlichen Einkommensströme des Term and Reversion einzeln zu diskontieren.[193] Der Term umfasst die gegenwärtig gezahlte Miete bis zum Ende der Vertragslaufzeit oder bis zur nächsten Anpassung. Die anschließenden Mieteinnahmen (nach der Mieterhöhung oder nach der Vertragslaufzeit) werden als Reversion definiert und berechnet.[194]

Gerade bei älteren Gewerbemietverträgen liegen die Current Rents häufig weit unter dem Rental Value. Es handelt sich hierbei um sogenannte Under-Rented Properties. Doch auch Mieten oberhalb des Marktmietniveaus (Over-Rented) werden in Folge eines überhitzten Immobilienmarktes häufig gezahlt. Diese Umstände muss man besonders berücksichtigen.[195]

In Deutschland werden deshalb grundsätzlich die Marktmieten als Rohertrag angesetzt. Diese Vorgehensweise wird von britischen Gutachtern häufig kritisiert, da die realen Mieterträge des Objektes, zumindest für den Zeitraum bis zur nächsten Mietanpassung, nicht reflektiert werden.[196]

---

[192] Vgl. Champness: Approved European Property Valuation Standards, London (Estates Gazette) 1997, S. 109, Pkt. 11.07.8; vgl. Hettrich; Internationale Immobilienbewertung,, Berlin (FHTW) 1998, S. 49 f.
[193] Vgl. Orr: Internationale Immobilienanlagen, 2. Auflage, Wiesbaden (Gabler) 1997, S. 166 ff.
[194] Vgl. Thomas (1995 b): Income Approach versus Ertragswertverfahren (Teil 2), Neuwied (GuG) 1995, Heft 2, S. 83.
[195] Vgl. Hettrich: Internationale Immobilienbewertung, Berlin (FHTW) 1998, S. 49 ff..
[196] Vgl. Britton, Davis, Johnson. Modern Methods of Valuation, London (Estates Gazette) 1989, S. 127, 228.

Der englische Income Approach bietet für Fälle, in denen die erzielbaren Mieterträge von den Marktmieten abweichen, zwei verschiedene Berechnungsansätze (Two Income Models), den Term & Reversion Approach und den Top Slicing Approach.[197]

Um den Investment Value zu ermitteln, sind die unterschiedlichen Einkommensströme des Term und der Reversion einzeln zu diskontieren. Dabei wird für den Zeitraum der Reversion die geschätzte Marktmiete als ewige Rente zum ARY abgezinst. Voraussetzung ist, dass die Mietvertragsmodalitäten eine entsprechende Anpassung zulassen.

Die Diskontierung der während des Terms anfallenden Current Rents basiert in der Regel auf einem Zinssatz, der um 0,5 bis 1% geringer ist als der ARY. Dies lässt sich mit der größeren Sicherheit aufgrund der vertraglichen Fixierung begründen. Handelt es sich um eine Under-Rented Immobilie, ist eine zusätzliche Sicherheit aufgrund der günstigen Mieten gegeben.

Die Summe der Barwerte des Term und der Reversion ergibt schließlich den Investment Value:[198]

$$InV = (E - OutG) \cdot \frac{(1 - ARY - SiZ)^2 - 1}{(ARY - SiZ)(1 + ARY - SiZ)^2} + (RV - OutG) \cdot \frac{1}{ARY(1 + ARY)^2} \pm wbU - PurC$$

Formel 5: Investment Value

InV	=	Investment Value
ARY	=	All Risks Yield
E	=	Mieteinnahmen
RV	=	Rental Value
Ris	=	Risikoabschlag

[197] Vgl. Scarrett: Property Valuation, London (E & FN Spon) 1991, S. 79 f..
[198] Vgl. Scarrett: Property Valuation, London (E & FN Spon) 1991, S. 80.

OutG = Outgoings
s = Zeitpunkt der Mietanpassung
wbU = sonstige wertbeeinflussende Umstände
PurC = Purchaser's on costs

Die Stärke dieser Methode liegt in der getrennten Berechnung der Kapitalwerte nach Perioden, so dass die Einkommen der betrachteten Zeiträume je nach entsprechender Sicherheit kapitalisiert werden können.[199]

Beim Top Slicing Approach (TSA), häufig auch als Hardcore Method oder Layer Method bezeichnet, wird eine künstliche horizontale Aufspaltung der Mieterträge vorgenommen.[200] Der Investment Value setzt sich hierbei aus der Summe der Kapitalwerte des Hardcore und des Top Slice zusammen. Dabei liegen den einzelnen Bereichen, je nach Anwendung, verschiedene Mietertragsannahmen zugrunde.

Die Einnahmen im Bereich des Hardcore liegen demnach immer auf bzw. unter Marktmietniveau und werden i.d.R. zum ARY diskontiert.

Schwieriger gestaltet sich die Bestimmung des sogenannten Marginal Yield, der auf das Top Slice angewandt wird. Dieser wird meist intuitiv höher als der ARY angesetzt, um die relative Unsicherheit der Mieterhöhungen zu berücksichtigen (Under-Rented Properties).

Für Over-Rented Properties ist dieser Rendite-Aufschlag dadurch begründet, dass das Gebäude im Falle des unerwarteten Mietausfalls wahrscheinlich nicht mehr zu dem überhöhten Mietzins vermietet werden kann.[201]

---

[199] Vgl. o. V. (1996 a): IZ-Tutorial: Over-rented Immobilien: Alternative Bewertungsmethoden, in: Wiesbaden (Immobilien Zeitung) 1996, Heft 1, o. S..
[200] Vgl. Scarrett: Property Valuation, London (E & FN Spon) 1991, S. 79, 83.
[201] Vgl. Britton, Davies, Johnson: Modern Methods of Valuation, London (Estates Gazette) 1989, S. 229; Hettrich: Internationale Immobilienbewertung, Berlin (FHTW) 1998, S. 38; vgl Scarrett: Property Valuation, London (E & FN Spon) 1991, S. 86.

Die Berechnung nach dem Top Slicing Approach erfolgt auf Basis folgender Formeln:[202]

Under–Rented Properties

$$InV = (E - RV) \cdot \frac{1}{(ARY + Ris)(1 + ARY + Ris)^2} + (E - OutG) \cdot \frac{1}{ARY} \pm wbU - PurC$$

Formel 6: Berechnung der Under-Rented Properties nach Top Slicing Approach

Over–Rented Properties

$$InV = (E - RV) \cdot \frac{(1 + ARY + Ris)^2 - 1}{(ARY + Ris) \cdot (1 + ARY + Ris)^2} + (RV - OutG) \cdot \frac{1}{ARY} \pm wbU - PurC$$

Formel 7: Berechnung der Over-Rented Properties nach Top Slicing Approach

InV	=	Investment Value
ARY	=	All Risks Yield
E	=	Mieteinnahmen (Current Rent)
RV	=	Rental Value
Ris	=	Risikoabschlag
OutG	=	Outgoings
s	=	Zeitpunkt der Mietzinsanpassung (nach s Perioden)
wbU	=	sonstige wertbeeinflussende Umstände
PurC	=	Purchaser's on costs

Der Vorteil der TSA liegt in der separaten Berechnung der Top Slice, da somit, anders als beim TRA, nur der Risikobereich mit einer höheren Rendite kapitalisiert wird. Darin kann jedoch auch

---

[202] Vgl. Dr. Trappmann: Internationale Immobilienbewertung, Oestrich – Winkel (Vorlesung ebs November 2004) 2004.

ein Nachteil liegen, da mitunter die gesamten Mieteinnahmen unsicher sind, wenn der Mieter sich die höhere Miete nicht mehr leisten kann.[203]

Eine weitere Verfahrensschwäche liegt in der Kapitalisierung des Top Slice über die gesamte Restdauer des Mietvertrages der Over-Rented Immobilie. Aufgrund des im ARY bereits implizit berücksichtigten Mietsteigerungspotentials könnte der Fall eintreten, dass die Marktmiete noch vor der Mietanpassung über dem Wertermittlungsstichtag angenommenen Bereich des Hardcore liegt, so dass die Schnittmenge aus dem Top Slice und dem Bereich unter dem Rental Value doppelt bewertet werden würde.[204] Dies schlägt sich zwar kaum im Ergebnis nieder, ließe sich jedoch durch aufwendige Berechnungen korrigieren. Eine Möglichkeit wäre, den Hardcore abermals zu trennen und im Zeitraum bis zur Mietzinsanpassung ohne Berücksichtigung des Mietsteigerungspotentials zu diskontieren.

6.3 The Income Approach 2 (Profits Method = Gewinnmethode)

Obwohl die Gewinnmethode von vielen Fachleuten befürwortet wird , ist dieses Verfahren in Deutschland nicht zugelassen, da in Deutschland nur das Vergleichs-, das Sach- und Ertragswertverfahren angewendet werden dürfen.

Die Profits Method (Gewinnmethode), die auch Profits Approach oder Accounts Method genannt wird[205], wird zu der Bewertung von Betreiberimmobilien benutzt, wenn man weder das Vergleichswert-

---

[203] Vgl. Jenyon, Janzen: Die Bewertung eines Bürogebäudes auf der Basis des offenen Marktwertes, Neuwied (GuG) 1998, S. 295.
[204] Vgl. Thomas: Income Approach versus Ertragswertverfahren (Teil 2), Neuwied (GuG) 1995 b, S. 86.
[205] Vgl. Thomas, Leopoldsberger, Walbröhl: Immobilienbewertung, 2. Auflage, München (Oldenbourg) 2000, S. 381 – 383.

verfahren wegen fehlender vergleichbarer Werte anwenden, noch den Ertragswert bestimmen kann, da nicht die notwendigen Mietwerte ermittelt sind. Es müssen Jahresabschlüsse für das Unternehmen vorliegen, da der Wert der Immobilie von ihrer Ertragsfähigkeit, Produktivität und Profitabilität abhängt.[206]

Die Profits Method wird insbesondere bei Spezialimmobilien und Grundstücken, die mit Gewerbeimmobilien bebaut sind, benutzt. Dies sind z.B. Hotels, Pubs, Pferderennbahnen, Parkhäuser, Tankstellen, Marinas, Kinos, Bingohallen, Theater, Autobahnraststätten, Spielclubs und Kraftwerke, sowie umsatz- bzw. gewinnorientierte Immobilien (i.d.R. Einzelhandelsimmobilien), die ein außergewöhnliches Standortmonopol aufweisen.[207]

Von Quasi-Monopol-Immobilien kann man sprechen, wenn z.B. ein Ausflugslokal oder ein Hotel auf einem Berggipfel bewertet werden muss.

Jedes Hotel müsste eigentlich nach der Profits Method bewertet werden, da der Wert eigentlich nicht von der Ausstattung und den Bodenpreisen abhängig ist, sondern nur von den Umsätzen, die sich aufgrund der Verkehrslage und Marktpositionierung erzielen lassen.[208]

Die oben genannten Monopol-Immobilien lassen meistens nur eine einzige betriebsspezifische Nutzung zu.

---

[206] Vgl. White, Turner, Jenyon, Lincoln: Internationale Bewertungsverfahren, 3. Auflage, Wiesbaden (IZ-Verlag) 2003, S. 135.
[207] Vgl. Brühl: Immobilienbewertung im internationalen Kontext, Frankfurt am Main (Seminarskript für das immoebs Seminar am 25. September 1998) 1998, S. 50; vgl. Hettrich: Internationale Immobilienbewertung, Berlin (FHTW) 1998, S. 46.
[208] Vgl. Leopoldsberger: Kontinuierliche Wertermittlung von Immobilien, Köln (Müller) 1999, S. 120.

6.3.1 Methodik

Bei der sogenannten Gewinnmethode handelt es sich um eine zu-kunftsorientierte Methode. Der Bewerter hat also die jährlichen Einnahmen zu schätzen und davon die geschätzten Ausgaben zu subtrahieren und erhält so den Zukunftsgewinn des Unternehmens.[209]

Es wird im ersten Schritt zunächst der jährliche Bruttobetriebsge-winn prognostiziert. Dies geschieht, indem man die geschätzten Warenbezugskosten von den geschätzten Bruttoeinnahmen ab-zieht. Dabei sind als Einflussgrößen die Jahresabschlüsse der ver-gangenen Geschäftsperioden, die Leistungsbilanz bzw. Erfolgs-rechnung des laufenden Geschäftsjahres sowie die Zukunfterwar-tungen (Erfolgsprognosen) zu berücksichtigen.

Im zweiten Schritt werden vom jährlichen Bruttobetriebsgewinn die laufenden Betriebskosten (ohne Miete) wie Personalkosten, Dienstleistungen (Strom, Wasser, Reinigung, etc.) und Abschrei-bungsrücklagen abgezogen, wodurch der verteilungsfähige Gewinn geschätzt wird (auch Divisible Balance genannt).

Im dritten Schritt wird davon der Unternehmergewinn abgezogen (kalkulatorischer Unternehmerlohn sowie Eigenkapitalzinsen für den Einsatz von Eigenkapital im Unternehmen).

Das Ergebnis ist der Jahresüberschuss als verfügbare Miete (Net-tobetriebsgewinn), d.h. der verteilungsfähige Gewinn (Bilanzge-winn) ist die Summe aus Unternehmeranteil (Anteil des Nutzers der Immobilie am Gewinn) und Vermieteranteil (Anteil des Eigen-tümers am Gewinn in Form von Miete).[210]

---

[209] Vgl. White, Turner, Jenyon; Lincoln: Internationale Bewertungsverfahren, 3. Auflage, Wiesbaden (IZ-Verlag) 2003, S. 136.
[210] Vgl. White, Turner, Jenyon; Lincoln: Internationale Bewertungsverfahren, 3. Auflage, Wiesbaden (IZ-Verlag) 2003, S. 141.

Die verfügbare Miete kann im vierten Schritt mit einem entsprechenden Kapitalisierungsfaktor multipliziert werden, um so den Kapital- bzw. Barwert der Immobilie zu erhalten. Der Kapitalisierungsfaktor bestimmt sich dabei nach der Standortqualität, dem Mietsteigerungspotential, dem Mietausfallrisiko sowie der Renditeerwartung des Investors.[211]

6.3.2 Bewertung, Kritik

Der Profits Approach (Gewinnmethode) ist wesentlich mehr als die Methodik zur Ermittlung des Verkehrswertes, da es erhebliche Komponenten der Unternehmensbewertung umfasst. Ein normaler in Deutschland zugelassener Sachverständiger dürfte hier an die Grenzen seiner Leistungsfähigkeit gekommen sein.

Die Auswertung von Bilanzen, Marktanalysen (Benchmarking) und genaue Kenntnisse im Bereich der Unternehmensführung (Management) stellen sehr hohe Anforderungen an den Bewerter. Genau aus diesem Grund ist dieses Verfahren in Deutschland als sogenanntes nicht-normiertes Verfahren nicht zugelassen.

Auch in Großbritannien wird dieses Verfahren als sogenannte Method of Last Resort, d.h. wenn keine andere Methode mehr greift, angewendet.[212]

Im Geltungsbereich der WertV 88 ist dieses Verfahren nur dann möglich, wenn ein Umsatzmietvertrag[213] mit dem Gewerbetreiben-

---

[211] Vgl. Brühl: Immobilienbewertung im internationalen Kontext, Frankfurt am Main (Seminarskript für das immoebs Seminar am 25. September 1998) 1998, S. 50; vgl. Hettrich: Internationale Immobilienbewertung, Berlin (FHTW) 1998, S. 46.
[212] Vgl. Colborne, Hall: The Profits Method of Valuation, London (Journal of Property Valuation & Investment) 1992, S. 45.
[213] BGH NJW 2351 von 1979, in: Bub, Treier: Handbuch der Geschäfts- und Wohnraummiete, 2. Auflage, München (C:H: Beck) 1994, Teil 3, Punkt 21: „Die [Miet]parteien können den Mietzins … so festlegen, dass der Mieter einen bestimmten Prozentsatz … des Umsatzes aus der geschäftlichen oder gewerblichen Nutzung der überlassenen Räume zu zahlen hat…………2.

den vereinbart wurde. Bei festen Mietverträgen (ohne Umsatzklausel) greift das Ertragswertverfahren oder DCF-Verfahren.

6.4   Discounted Cash Flow (DCF = Barwertmethode)

Die zuvor beschriebene Investment Method ist Grundlage für die Schätzung des Barwertes von Eigentumsrechten an Immobilien in Abhängigkeit von bestimmten Marktgegebenheiten. Dabei kann es sich um Volleigentum (Freehold) oder um zeitlich befristetes Eigentum (Leasehold) handeln. [214] Sie spiegelt die klassische britische Ertragswertmethode wider.

Zunehmend finden jedoch die Discounted Cash Flow Analysen (DCF) auch in Deutschland Verbreitung. Die DCF-Methode ist der Investmentmethode zuzuordnen[215]; bei ihr handelt es sich im Gegensatz zum deutschen Ertragswertverfahren (§§ 15 – 20 WertV 88) um ein nicht-normiertes Verfahren der Wertermittlungslehre. Sie zählt im anglo-amerikanischen Raum zu der Gruppe der dynamischen Investitionsrechnung.[216]

Zukünftige Einnahmen und Ausgaben werden auf den Bewertungszeitpunkt abgezinst (diskontiert). Die so ermittelten Barwerte ergeben den Kapitalwert.[217] Trotz unterschiedlicher Ansätze im Ertragswert- oder DCF-Verfahren führen beide Methoden zu ähnlichen Ergebnissen.[218] Allerdings gibt es Verständnisschwierigkeiten zwischen denen, die die Ertragswert–Methode einerseits bzw. DCF-Ansätze andererseits praktizieren.[219]

---

[214] Vgl. White, Turner, Jenyon, Lincoln: Internationale Bewertungsverfahren, 3. Auflage, Wiesbaden (IZ-Verlag) 2003, S. 95.
[215] Vgl. Gerardy, Möckel: Praxis der Grundstücksbewertung, Loseblattsammlung, Landsberg am Lech (Moderne Industrie) 2003, 4.6.1/1.
[216] Vgl. Born: Unternehmensanalyse und Unternehmensbewertung, 2. Auflage, Stuttgart (Schäfe- Poeschel) 2003, Einleitung S. XI.
[217] Vgl. Hinrichs, Schultz: Das Discounted Cash Flow Verfahren in der Praxis, Neuwied (GuG) 5/2003, S. 266.
[218] Vgl. Scarrett: Property Valuation, London (E & FN Spon) 1991, S. 94; vgl. Thomas: Income Approach versus Ertragswertverfahren (Teil 2), Neuwied (GuG) 1995 b, S. 86.
[219] Vgl. Drukarczyk: Unternehmensbewertung, 4. Auflage, München (Vahlen) 2003, S. 2.

Im DCF-Verfahren gehen überwiegend subjektive Vorstellungen (Gewinnerwartung, Kapitalisierungszinssatz, u.a.) in die Bewertung ein. In diesen Zukunftsprognosen liegen auch die größten Risiken im DCF-Verfahren, da Prognosen von Marktentwicklungen und Vermarktungsstrategien nur schwer voraussehbar sind.

Das DCF-Verfahren kommt in den Varianten Kapitalwert und interner Zinssatz vor.[220] Hierbei ist zu beachten, dass für den Betrachter (Investor) bereits zum Zeitpunkt der Bewertung neben dem Kaufpreis auch der Verkaufserlös (dieser liegt in der Zukunft) eine wichtige Entscheidungsgrundlage darstellt. Der Investor betrachtet also nicht nur die Verkaufsrendite und den fortgeschriebenen Mietwert, sondern auch den Verkaufspreis am Ende der Investitionsrechnung.[221]

Auch wenn die übliche Betrachtungsdauer von lediglich 8–12 Jahren als Prognosezeitraum herangenommen wird, so stellt sich hier die Frage, wer bereits heute aussagekräftige Voraussagen in die Zukunft geben kann? Der Verkehrswert ist bei dieser Analyse nur ein Abfallprodukt.

Je nach finanzmathematischer Zielsetzung können beim DCF-Verfahren zwei unterschiedliche Zinsansätze und damit zwei verschiedene Methoden angewandt werden[222]:

- „Net Present Value-Methode" (NPV-Methode): es wird ein Investitionswert bestimmt, indem ein vorweg bestimmter Zinssatz berechnet wird, der sich an vergleichbaren banküblichen Zinsen (Leitzinsen) orientiert; Anwendung der Normalzinssätze aus dem Kapitalmarkt

---

[220] Vgl. Gerardy, Möckel, Troff: Praxis der Grundstücksbewertung, Loseblattsammlung, Landsberg am Lech (Moderne Industrie) 2003, 4.6.1/1.
[221] Vgl. Brühl: Immobilienbewertung im internationalen Kontext, Frankfurt am Main (Seminarskript für das immoebs Seminar am 25. September 1998) 1998, S. 46.
[222] Vgl. o. V.: Discounted Cash Flow und Nettobarwertmethode, Wiesbaden (Immobilien Zeitung) 1997 e, o. S..

- „Internal Rate of Return-Methode" (IRR-Methode): Anwendung eines Liegenschaftszinssatzes (§ 11 WertV), der zu einem Verkehrswert führt. Der Liegenschaftszins entspricht dem „internen Zinssatz" (I. R. R.).[223]

Tabelle 26: Zinsansätze beim DCF-Verfahren

Für den Gutachter ist es daher von Bedeutung, auf der Grundlage der NPV-Methode (Net Present Value) den Investment Value abzuleiten. Probleme ergeben sich hierbei bei dem in Ansatz zu bringenden IRR.

Bekanntlich orientiert sich der IRR an den Renditeforderungen des Investors (Target Rate). Als Betrachtungsgrundlage dient der marktübliche Fremdkapitalzinssatz oder als Alternative die Zinsen für Kapitalanlagen (Opportunitätszinssatz).[224] Dabei ist zu beachten, dass die DCF-Analysis eine Reinvestition der Einnahmen zum IRR unterstellt. Der Gutachter ist daher gut beraten, auch für die Folgejahre einen marktgängigen Zins zu wählen.[225]

Das DCF-Verfahren wird häufiger in Großbritannien und den USA als in Deutschland benutzt und es wird insbesondere zur Unternehmensbewertung als zur Immobilienwertermittlung herangezogen. Es wird von Investoren als Entscheidungshilfe für Kaufpreise genutzt, da man hiermit gut berechnen kann, bis zu welchem Kaufpreis die gewünschte Rendite aus der Verzinsung zu erzielen ist.[226]

---

[223] Vgl. Kleiber, Simon, Weyers: Verkehrswertermittlung von Grundstücken, 3. Auflage, Köln (Bundesanzeiger) 1998, S. 1434.
[224] Vgl. Isaac, Steley: Property Valuation Techniques, London (Macmillian Education Ltd.) 1991, S. 27.
[225] Vgl. Brühl: Immobilienbewertung im internationalen Kontext, Frankfurt am Main (Seminarskript für das immoebs Seminar am 25. September 1998) 1998, S. 47.
[226] Vgl. Henselmann, Kniest: Unternehmensbewertung: Praxisfälle mit Lösungen, 3. Auflage, Herne, Berlin (Neue Wirtschafts-Briefe) 2002, S. 12.

6.4.1 Methodik

Die Formel für die DCF-Methode lautet:[227]

$$NPV = \sum_{t=0}^{n} E \cdot \frac{1}{(1+IRR)^t} - \sum_{t=0}^{n} A \cdot \frac{1}{(1+IRR)^t} + \frac{VP_n}{(1+IRR)^n}$$

Formel 8: DCF-Methode

NPV	=	Net Present Value
IRR	=	Internal Rate of Return
E	=	Mieteinnahmen (Current Rents)
A	=	Ausgaben (Outgoings, Purchaser's on costs etc.)
t	=	Zeitpunkt der Zahlung (nach t Periode)
n	=	Investitionszeitraum (z.B. in Monaten)
VPn	=	Verkaufspreis am Ende des Investitionszeitraums
InV	=	Investment Value

Der Investment Value ergibt sich direkt:

$$InV = NPV$$

Die Methodik des DCF-Verfahrens beruht auf zukünftigen Zahlungsströmen durch Diskontierung mit einem angemessenen Diskontierungssatz.[228] Bei diesem Verfahren werden innerhalb eines üblichen Betrachtungszeitraumes von 10 Jahren sämtliche Zahlungsströme eines Bewertungsobjektes unter Beachtung von Inflation und Marktentwicklung prognostiziert. Es müssen alle bestehenden Miet- und Pachtverträge über die Restlaufzeit geprüft werden. Die Einschätzungen von Marktmieten, Mietwertsteigerungen

---

[227] Vgl. Ernst & Young: Bewertung von Immobilienportfolios, Oestrich – Winkel (Vorlesung ebs Dezember 2004) 2004.
[228] Vgl. Crosby, Goodchild: Reversionary Freeholds, London (Journal of Property Valuation & Investment) 1992, S. 72.

und künftige Bewirtschaftungskosten, sowie der Verkaufswert am Ende des Betrachtungszeitraumes (10 Jahre) fließen als Prognosen in die Bewertung ein.[229]

Der Berechnungsablauf stellt sich wie folgt dar: Ausgangspunkt ist die Ermittlung des Jahresreinertrages aus dem Jahresrohertrag. Hierbei werden die Bewirtschaftungskosten abgezogen. Der Gesamt-Cash-Flow der Periode (Betrachtungszeitraum) ergibt sich dann aus den Jahresreinerträgen und dem Veräußerungs-Cash-Flow der letzten Periode. Im nächsten Schritt werden die Gesamt-Cash-Flows auf Monatsbasis mit dem Diskontierungszins auf den Bewertungszeitpunkt abgezinst.

Des Weiteren bedarf die DCF-Analyse bestimmter Kontrollverfahren. Mit Hilfe von beispielsweise Sensitivitätsanalysen oder Szenario-Techniken können entsprechende Plausibilitätskontrollen durchgeführt werden.[230]

6.4.2 Bewertung, Kritik

Das DCF-Verfahren eignet sich nicht für die Verkehrswertermittlung einer Immobilie, weil bei der DCF-Methode individuell geschätzte Prognosewerte herangezogen werden. Das DCF-Verfahren dient als Instrument der betriebswirtschaftlichen Investitionsentscheidung.

Das in Deutschland normierte Ertragswertverfahren führt im Gegensatz zum DCF-Verfahren direkt zum Marktwert. Es basiert bei

---

[229] Vgl. Brühl: Immobilienbewertung im internationalen Kontext, Frankfurt am Main (immoebs) 1998, S. 47; vgl. Stein, Birnbaum, Timmermann: Verfahren zur Wertermittlung von bebauten und unbebauten Grundstücken, Bad Dürrheim (MBC) 1998, S. 296 f..
[230] Vgl. o. V. (1997 b): Eine Entscheidungshilfe bei Investitionen, Wiesbaden (Immobilien Zeitung) 1997, o. S.; vgl. o. V. (1997 c): Der Entscheidungsbaum bei der Immobilienbewertung, Wiesbaden (Immobilien Zeitung) 1997, o. S..

der Kapitalisierung auf dem Liegenschaftszinssatz als marktbe-
stimmenden Zinssatz.[231]

Es ist im Vergleich zum DCF-Verfahren das geeignete Verfahren für
die Verkehrswertermittlung, weil es auf empirisch gerichtete Daten
und Quellen aufbaut. Beide Verfahren geben daher spezifische
Antworten auf unterschiedliche Fragestellungen.

Der Verkehrswert ist z.B. erforderlich als Verhandlungsgrundlage
für Käufer und Verkäufer, um eine objektive Preisbasis zu finden.
Hier werden vom Sachverständigen nur empirisch gesicherte
Marktdaten wie Liegenschaftszinssatz, nachhaltige Miete und die
Restnutzungsdauer in der Verkehrswertermittlung berücksichtig. Es
steht eindeutig der objektive Wert im Vordergrund. Im Gegensatz
dazu ist das DCF-Verfahren ausschließlich subjektiv orientiert. In
Deutschland ist das DCF-Verfahren als normiertes Verfahren für
die Verkehrswertermittlung nicht zugelassen und hat höchstens
eine Kontrollfunktion.[232]

Zunehmend wird Kritik an den traditionellen Growth Implizit Models und speziell an den All Risks Yield geäußert. Die Bemessung
von Zu- und Abschlägen an die Gegebenheiten des Bewertungsobjektes sei für Außenstehende kaum nachvollziehbar, realitätsfern
und zu ungenau.[233] Zudem wird von einer jährlich nachschüssigen
Konstanz der Mieteinnahmen ausgegangen.[234]

Eine Korrektur gemäß der tatsächlichen zeitlichen Verteilung der
Zahlungsströme sollte durch entsprechende mathematische Faktoren vorgenommen werden. Eine generelle Berücksichtigung von
vorschüssigen Zahlungen ist jedoch nicht möglich, da die Zah-
lungsmodalitäten länderspezifisch variieren.[235]

---

[231] Vgl. Engel: Das Aus für die DCF-Methode" Neuwied (GuG) 6/2002, S. 321.
[232] Vgl. Hettrich: Internationale Immobilienbewertung, Berlin (FHTW) 1998, S. 38.
[233] Vgl. Scarrett: Property Valuation, Londen (E & FN Spon) 1991, S. 76, 93.
[234] Vgl. Thomas: Income Approach versus Ertragswertverfahren (Teil 2), Neuwied (GuG) 1995
b, S. 86.
[235] Vgl. Schultze: Methoden der Unternehmensbewertung: Gemeinsamkeiten, Unterschiede,
Perspektiven, 2. Auflage, Düsseldorf (IDW-Verlag) 2003, S. 482.

Der Vorteil der Discounted Cash Flow Methoden liegt in der expliziten Berücksichtigung wertbestimmender Determinanten.[236] Doch auch hier werden eine Reihe schwer abschätzbarer Annahmen getroffen. *„Eine ungewisse Zukunft kann durch exakte Berechnung nicht gewiss werden".*[237] Zudem gestaltet sich die Wahl des Diskontierungsfaktors schwierig.

Grundsätzlich sollte berücksichtigt werden, dass die Wahl eines Diskontierungsfaktors, der nicht auf vergleichbaren Transaktionen beruht wie die Target Rate zu einem Investitionswert führt, der nicht mit dem Verkehrswert nach § 194 BauGB gleichzusetzen ist. Verschiedene Investoren können unterschiedliche Präferenzen und Einschätzungen haben, ohne dabei irrational zu sein. Dies steht der Arbitragefreiheit[238] in einer Einschätzung des Marktes entgegen.[239]

6.5   The Residual Method (Residualwertmethode)

Die Residual Method (Residualwertmethode, Residualverfahren), auch Development Appraisal genannt, wird zur Ermittlung der Bodenwerte von unbebauten Grundstücken oder bebauten Grundstücken mit abrissreifen Gebäuden verwendet.[240] Es ist also vorrangig eine Methode zur Ermittlung von Grundstückswerten (Residuum).[241] Es wird aber auch zur Ermittlung des internen Zinsfußes, des Entwicklergewinnes, des Erbpachtzinses eines internen Zinsfußes, des Entwicklergewinnes, des Erbpachtzinses eines Erbbau-

---

[236] Vgl. Engel: Ertragswertverfahren und DCF-Verfahren im Überblick, Neuwied (GuG) 2003, Heft 6, S. 352; vgl. Hommel, Braun: Fallbuch Unternehmensbewertung, Heidelberg (Recht und Wirtschaft) 2002, S. 31.
[237]Vgl. Hettrich: Internationale Immobilienbewertung, Berlin (FHTW) 1998, S. 43.
[238] Vgl. Sotelo: Die WertV ist tot, es lebe die WertV, Neuwied (GuG) 1995, S. 95: grundsätzliche Aussage des Begriffes Arbitragefreiheit: zwei identische Güter haben den gleichen Preis.
[239] Vgl. Sotelo: Die WertV ist tot, es lebe die WertV, Neuwied (GuG) 1995, S. 95.
[240] Vgl. Britton, Davies, Johnson: Modern Methods of Valuation, London (Estates Gazette) 1989, S. 191;vgl. o. V.: Wertermittlung: Das Residualverfahren (Teil 1), Wiesbaden (Immobilien Zeitung) 1996 b, o. S..
[241] Lat. Residuus: noch übrig, noch vorhanden.

135

rechtes sowie zur Wirtschaftlichkeitsberechnung eines Projektes herangezogen.[242]

In vielen europäischen Ländern wird dieses Verfahren von Bauträgern und Investoren eingesetzt. Hierbei wird der Wert des Grundstücks ermittelt, indem man die darauf erstellbare, baurechtlich maximal mögliche Nutzungsform bestimmt.

Manchmal erhält man hierbei negative Grundstückswerte[243], damit haben die Briten kein Problem, da dieser negative Wert bedeutet, dass das Grundstück zurzeit nicht wirtschaftlich bebaubar und damit unverkäuflich ist.

Liegen detaillierte Baukostenschätzungen sowie ein Plan des Projekt- und Liquiditätsverlaufes vor, kann man die Cash-Flow-Methode anwenden (Development Appraisal).

In Deutschland wird das Residualwertverfahren nur in Ausnahmefällen benutzt.[244] Inzwischen ist der Verfahrensgang auch im *„Blue Book"* beschrieben, damit ist diese Methode auch in den Richtlinien der TEGoVA anerkannt.[245]

6.5.1 Methodik

Bei der Residual Method handelt es sich um eine Ermittlungsmethode, mit deren Hilfe der Wert des festzustellenden Bauvorhabens (Grundstückswert = Residuum) anhand des Investment Values ermittelt wird nach folgendem vereinfachten Schema:

---

[242] Vgl. White, Turner, Jenyon, Lincoln: Internationale Bewertungsverfahren, 3. Auflage, Wiesbaden (IZ-Verlag) 2003, S. 121.
[243] Vgl. Bankakademie: Europäische Immobilienmärkte und ihre Bewertungsverfahren, Berlin (VDH) 2003, S. 39.
[244] Vgl. Brühl: Immobilienbewertung im internationalen Kontext, Frankfurt am Main (Seminarskript für das immoebs Seminar vom 25. September 1998) 1998, S. 35.
[245] Vgl. Champness: Approved European Property Valuation Standards, London (Estates Gazette) 1997, S. 109 f.; Pkt. 11.07.6 und 11.07.12.

> Kaufpreis – Entwicklungskosten =
> Residuum (Grundstückswert)

Dabei müssen folgende Annahmen berücksichtigt werden:

- Das Objekt muss am Bewertungsstichtag fertig gebaut sein

- Die Projektentwicklungskosten wie Baukosten, Baunebenkosten, Zwischenfinanzierungskosten, Marketing, unvorhergesehene Ausgaben, Marktmiete, evtl. Abrisskosten, etc. müssen bekannt sein

- Weitere Variable wie Zuschläge für Wagnis und Gewinn müssen festliegen.[246]

Tabelle 27: Notwendige Voraussetzungen für die Residualmethode

Außerdem werden die zum Bewertungszeitpunkt erzielbaren Mietwerte und Verkaufsrenditen zugrundegelegt.[247]

Alternativ zur Investmentmethode hätte man die Comparative Method anwenden können.[248] Vom Gesamtwert des zukünftigen Bauprojekts (dem Kaufpreis) werden sämtliche Projektentwicklungskosten abgezogen.[249] Bei diesen hantelt es sich um:

- Kosten für die Grundstücksfreimachung (z.B. Abrisskosten)

- Bau- und Baunebenkosten: die Baukosten errechnen sich

---

[246] Vgl. White, Turner, Jenyon, Lincoln: Internationale Bewertungsverfahren, 3. Auflage, Wiesbaden (IZ-Verlag) 2003, S. 122.
[247] Vgl. Stein, Birnbaum, Timmermann: Verfahren zur Wertermittlung von bebauten und unbebauten Grundstücken, Bad Dürrheim (MBC) 1998, S. 294 f..
[248] Vgl. Kleiber, Simon, Weyers: Verkehrswertermittlung von Grundstücken, 3. Auflage, Köln (Bundesanzeiger) 1998, S. 1405.
[249] Vgl. Britton, Davies, Johnson: Modern Methods of Valuation, London (Estates Gazette) 1989, S. 193; vgl. Stein Birnbaum, Timmermann: Verfahren zur Wertermittlung von bebauten und unbebauten Grundstücken, Bad Dürrheim (MBC) 1998, S. 295.

auf Kubikmeterbasis (umbauter Raum) bzw. Quadratmeterbasis (BGF), die Baunebenkosten beinhalten die Honorare der Architekten

- Kosten für Außenanlagen und Sonstiges

- Kosten für die Zwischenfinanzierung der Baumaßnahme

- Marketingkosten, Vermietungs- und Verkaufshonorare für Makler

- Sicherheitszuschlag für unvorhergesehene Ausgaben (z.B. verzögerte Baugenehmigung, verlängerte Bauzeit, etc.)[250]

- Mietausfall

- der kalkulierte Entwicklergewinn (Developer's Profit)[251]

Tabelle 28: Projektentwicklungskosten

Investment Value
-
Projektentwicklungskosten
=
Brutto-Residualwert

Neben den Projektenwicklungskosten müssen die Finanzierungskosten für das Grundstück für den Zeitraum vom Grundstückserwerb bis zum Verkauf des Objektes berücksichtigt werden. Es empfiehlt sich, die Finanzierungskosten mit Hilfe von Discounted Cash Flow Analysen zu berechnen.[252] Schließlich müssen noch die

---

[250] Vgl. o. V. (1996 c): Wertermittlung: Das Residualverfahren (Teil 2), Wiesbaden (Immobilien Zeitung) 1996 c, o. S.: „Beispiele ... [für unvorhergesehene Ausgaben] sind eine verzögerte Baugenehmigung, eine längere Bauzeit, Streik und Naturereignisse verantwortlich. Erfahrungsgemäß werden diese möglichen Kosten mit 3 bis 5% der Baukosten in Ansatz gebracht."
[251] Vgl. Kleiber, Simon, Weyers: Verkehrswertermittlung von Grundstücken, 3. Auflage, Köln (Bundesanzeiger) 1998, S. 1405: „Üblicherweise wird mit einem Unternehmergewinn von 10 – 20% gerechnet."
[252] Vgl. o. V.: Wertermittlung: Cash Flow Methoden beim Residualverfahren (Teil 3), Wiesbaden (Immobilien Zeitung) 1996 d.

Erwerbsnebenkosten wie Grunderwerbssteuer, Notargebühr und Maklerprovision abgezogen werden, um den Nettokapitalwert des Grundstücks zu erhalten.

Da insbesondere bei größeren Bauprojekten Risiken vorhanden sind, muss man mit erheblichen Abweichungen im Kapitalwert rechnen. Es ist wichtig, sämtliche Einnahmen und Ausgaben auf den Investitionszeitpunk abzudiskontieren. Das nach Abzug aller Projektkosten verbleibende Residuum stellt den Brutto-Residualwert dar. Aus diesem lässt sich der Netto-Residualwert, also der zu ermittelnde Bodenwert, nach folgendem Schema ermitteln:

Brutto-Residualwert

-

Finanzierungskosten des Grundstücks für den Zeitraum vom Grundstückserwerb bis hin zum Verkauf des fertiggestellten Bauvorhabens

-

Erwerbsnebenkosten

=

Netto-Residualwert

6.5.2 Bewertung, Kritik

Das sogenannte Residualwertverfahren sollte nur zur Bodenwertermittlung angewandt werden, wenn das Vergleichswertverfahren bzw. die Comparative Method nicht mehr greift. Die Schwächen dieser Methode sind erheblich und liegen einerseits in der Subjektivität des Bodenwertes auf Basis einer nicht präferenzfreien Investitionsrechnung und andererseits in der Fehleranfälligkeit der zugrundeliegenden Methodik. Eine Reihe unsicherer Prognosen liegen dem Verfahren zugrunde.[253]

Das Residualwertverfahren ist nichts anderes als das Instrument einer Kosten-Nutzen-Analyse für einen Investor. Dieses Verfahren ist daher schon vom Ansatz her fehleranfällig, da es immer vom Standpunkt des Investors und dessen subjektiver Einschätzung abhängt (z.B. nimmt jeder Investor seinen internen Zinsfuß und seine individuellen Kosten sowie seinen Entwicklergewinn für seine Kostenkalkulation an). Wenn 10 verschiedene Investoren das gleiche Grundstück kaufen wollen, werden in der Regel auch 10 verschiedene Angebote für das Residuum abgegeben werden.

Unter konkurrierenden Erwerbern wird derjenige das höchste Kaufangebot abgeben, der die wirtschaftlich bestmögliche Nutzung des Grundstückes anstrebt und/oder den geringsten Unternehmensgewinn kalkuliert. Der Verkäufer wird naturgemäß das höchste Angebot annehmen.

Hier liegt eine nicht zu unterschätzende Gefahrenquelle gerade für Städte und Gemeinden (in Zeiten knapper Kassen), ihre Ideen für die Städteplanung durchzusetzen.

Weitere Risiken liegen in der Fehleranfälligkeit dieser Methodik[254], da zu viele Prognosen in einem Verfahren zugrunde liegen. Für die Bewertung eines Grundstückes (Residuum) ergeben sich Bewertungsunsicherheiten, wenn der Grundstücksanteil an den Gesamtkosten relativ klein ist. Legt man den Wert des Grundstücks bei 10% des Gesamtwertes an, so liegen die angesetzten Kosten bei 90% des Ertragswertes.

---

[253] Vgl. Sotelo: Die WertV ist tot, es lebe die WertV, Neuwied (GuG) 1995, S. 95; vgl. Stein, Birnbaum, Timmermann: Verfahren zur Wertermittlung von bebauten und unbebauten Grundstücken, Bad Dürrheim (MBC) 1998, S. 295 f..
[254] Vgl. Kleiber, Simon, Weyers: Verkehrswertermittlung von Grundstücken, 3. Auflage, Köln (Bundesanzeiger) 1998, S. 1416 f..

Eine Ungenauigkeit von beispielsweise 10% im ermittelten Ertragswert, was bei realistischer Betrachtung für den mitunter weit in der Zukunft liegenden Wertermittlungsstichtag kaum ausgeschlossen werden kann, führt zu einer 100%-igen Veränderung des Bodenwertes. Das ermittelte Residuum reagiert also höchst sensitiv auf die Eingangsvariablen.[255]

Beispiel

Es soll der Bodenwert für ein zu bebauendes Grundstück nach dem Residualwertverfahren ermittelt werden, bei einem prognostizierten Ertragswert von 300.000,00 € und geschätzten Gesamtkosten von 270.000,00 €.

$$Bodenwert = Ertragswert - Gesamtkosten$$
$$Bodenwert = 300.000,00 € - 270.000,00 €$$
$$\underline{Bodenwert = 30.000,00 €}$$

Annahme der Abweichung des Ertragswertes um 10%

nach oben:
$$Bodenwert = 330.000,00 € - 270.000,00 €$$
$$\underline{Bodenwert = 60.000,00 €}$$

nach unten:
$$Bodenwert = 270.000,00 - 270.000,00 €$$
$$\underline{Bodenwert = 0,00 €}$$

In der Berechnung der Residual Method besteht eine weitere Schwäche. Sobald der Fall eintritt, dass die Kosten den Ertragswert übersteigen, ergibt sich ein negativer Residualwert. Dies ist jedoch nicht realistisch, da mit dem Grundstück zwar das Recht, in der Regel aber nicht die Pflicht, zur Errichtung einer Bebauung verbunden ist.

---

[255] Vgl. Kleiber, Simon, Weyers: Verkehrswertermittlung von Grundstücken, 3. Auflage, Köln (Bundesanzeiger) 1998, S. 1408 f..

Das bloße Eigentum an einem unbebauten Grundstück hat nahezu keine Nachteile, so dass sich ein negativer Grundstückswert ökonomisch nur in Ausnahmefällen begründen lässt.

In der Praxis wird zwar erkannt, dass negative Grundstückswerte in der Regel nicht marktkonform sind, dennoch wird auch bei positiven Grundstückswerten das Aufgeld der Option (Grundstück) systematisch negiert.[256]

Die Anwendung des Residualverfahrens ist in Deutschland sehr umstritten. Es wird die Auffassung vertreten, dass dieses Verfahren lediglich im Rahmen baulicher Instandsetzungen beim Ertragswertverfahren angewandt werden darf.

Die WertV 88 definiert klar die zur Wertermittlung zulässigen Verfahren, das Vergleichswertverfahren, das Sachwertverfahren und das Ertragswertverfahren. Da die WertV 88 jedoch keine gesetzliche Grundlage bildet, sondern lediglich durch die bisherige Rechtsprechung eine gewisse Verbindlichkeit besitzt, scheinen begründete Abweichungen möglich.[257]

Grundsätzliche Urteile bzgl. des Residualwertverfahrens existieren bisher nicht. Allerdings sollte bei Anwendung des Verfahrens prinzipiell darauf geachtet werden, den Verkehrswert gemäß § 194 BauGB bei der Berechnung in Ansatz zu bringen. Entsprechende Marktanpassungszu- bzw. -abschläge auf den Ertragswert oder alternativ auch auf den Vergleichswert sind daher vorzunehmen.[258]

---

[256] Vgl. Soleto: Die WertV ist tot, es lebe die WertV, Neuwied (GuG) 1995, S. 92.
[257] Vgl. Kapitel 3.3.1 bzw. 3.3.3.
[258] Vgl. Kleiber, Simon, Weyers: Verkehrswertermittlung von Grundstücken, 3. Auflage, Köln (Bundesanzeiger) 1998, S. 1405.

7   Bilanzielle Immobilienbewertung

Wie bereits in der Einleitung genannt, ist es das Ziel dieses Buches, nicht nur die unterschiedlichen internationalen Bewertungsmethoden und deren Vergleichbarkeit herauszuarbeiten, sondern auch auf den Wandel der internationalen Immobilienrechnungslegung einzugehen. Es geht immer um die Frage, ob man Unternehmen bzw. deren Bilanzen wirklich vergleichen kann. Wo liegen die Unterschiede, die Vor- und Nachteile der entsprechenden Bilanzierungspraxis?

Die Internationalisierung der Finanzwelt nimmt auch heute noch kontinuierlich zu und auch die Bilanzierungspraxis folgt diesem Wandel. Die externe Rechnungslegung hat in den letzten 15 bis 20 Jahren eine stürmische Entwicklungsphase erlebt, weil die weltweit agierenden Konzerne - sogenannte „Global Players" – ihren Konzernabschluss nicht mehr nach dem Handelsgesetzbuch (HGB), sondern nach internationalen Standards erstellen. Sie versprechen sich dadurch vor allem einen einfacheren Zugang zu den internationalen Kapitalquellen und sind hierzu auch verpflichtet, wenn sie börsengelistet sind.[259] Inzwischen bilanzieren auch viele große deutsche Mittelständler nach IFRS, selbst wenn sie nicht am Kapitalmarkt aktiv sind. Bei den internationalen Standards unterscheidet man die

- IAS (International Accounting Standards)

- US-GAAP (US-amerikanische Generally Accepted Accounting Principles)

Tabelle 29: Internationale Bilanzierungsstandards

---

[259] Vgl. Kremin-Buch: Internationale Rechnungslegung, 3. Auflage, Wiesbaden (Gabler) 2002, Vorwort.

Die deutsche Bilanzierungspraxis nach dem HGB als Grundlage für dieses Buch unterscheidet sich deutlich von den nach IAS/IFRS oder US-GAAP aufgestellten Bilanzierungsregelungen.

In diesem Kapitel wird die Bilanzierung von Immobilienvermögen sowohl nach HGB als auch nach IAS/IFRS dargestellt, auf die Unterschiede hingewiesen und einer kritischen Würdigung unterzogen. Der Schwerpunkt dieses Kapitels liegt auf der Bilanzierung nach IAS/IFRS.

7.1   Revolution der Rechnungslegung

„Gegenstand dieser Verordnung ist die Übernahme und Anwendung internationaler Rechnungslegungsstandards in der Gemeinschaft, mit dem Ziel, die von Gesellschaften im Sinne des Artikels 4 vorgelegten Finanzinformationen zu harmonisieren, um einen hohen Grad an Transparenz und Vergleichbarkeit der Abschlüsse und damit eine effiziente Funktionsweise des Kapitalmarkts in der Gemeinschaft und im Binnenmarkt sicherzustellen."[260]

Die IAS-Verordnung wurde im Jahr 2002[261] beschlossen und verpflichtete alle kapitalmarktorientierten Unternehmen in der EU ab 2005 zur Veröffentlichung von Konzernabschlüssen nach IAS / IFRS. Die IAS-Verordnung kam nicht ad hoc, sondern ist das Ergebnis eines bereits seit vielen Jahren anhaltenden Trends zu einer Internationalisierung der Rechnungslegung.[262]

In Deutschland begann diese Entwicklung hin zu einer internationalen Rechnungslegung im Jahre 1993 mit der Entscheidung von

---

[260] Vgl. IAS-Verordnung 2002 der EG, Art. 1.
[261] Vgl. Wagenhofer: Internationale Rechnungslegungsstandards, 4. Auflage, Frankfurt, Wien (Redline Wirtschaft) 2003, S. 2.
[262] Vgl. Baumunk: Immobilienbewertung und internationale Standards, Neuwied (GuG), 2004, Heft 5, S. 268.

Daimler-Benz, eine Notierung an der New-Yorker-Stock Exchange (NYSE) anzustreben.

Die Auswirkungen des Übergangs auf internationale Rechnungsle-gungsgrundsätze können erheblich sein. Dies spürten Daimler-Benz 1993 beim Übergang von HGB auf US-GAAP genauso wie später Hoechst 1994 beim Übergang auf einen dualen Abschluss (HGB/IFRS) und nochmals 1997 beim Übergang auf US-GAAP. Es erheben sich sofort Fragen nach dem „richtigen" Gewinn und der Qualität der Rechnungslegung.[263]

Grundsätzlich ist es wissenschaftlich nicht möglich, bestehende Rechnungslegungssysteme nach ihrer Qualität einzustufen. Jedes System besitzt Vor- und Nachteile, je nachdem welchen Zweck es erfüllen soll.

7.2   Die IAS / IFRS und ihre zukünftige Bedeutung

Banken verlangen von kreditnehmenden Unternehmen immer mehr Informationen mit internationalem Niveau. Ein Grund dafür ist die internationale Rechnungslegung, der die Banken direkt oder indi-rekt unterliegen (z.B. Basel II). So spielen Unternehmensinforma-tionen, z.B. für die Einschätzung des Risikos, das mit einem Kredit verbunden ist, eine signifikante Rolle. Unternehmen, die internati-onal übliche Informationen liefern, können damit womöglich in den Genuss günstiger Kreditkonditionen kommen.[264]

Sowohl die Anwendung der IAS/IFRS als auch der US-GAAP dient den Kapitalanlegern als Signal, dass sich das Unternehmen um mehr Transparenz, Glaubwürdigkeit und Offenheit bemüht. Außer-

---

[263] Vgl. Baumunk, Böcker, Schrubohm-Ebneth: Die Bilanzierung von Immobilien nach Internati-onal Accounting Standards, Neuwied (GuG), 2002, Heft 6, S. 355.
[264] Vgl. Grünberger, Grünberger: IAS /IFRS und US-GAAP 2004, 2. Auflage, Herne, Berlin (Neue Wirtschaftsbriefe) 2004, S. 2.

dem werden vom Unternehmen häufig folgende Motive für die Umstellung der Rechnungslegung benannt:

- Bessere Vergleichbarkeit mit Wettbewerbern

- Senkung der Eigenkapitalkosten

- Verbreiterung und Internationalisierung der Investorenbasis

- Steigerung des Bekanntheitsgrades des Unternehmens und seiner Marken

- Erleichterung des Umgangs mit Geschäftspartnern und Behörden[265]

Tabelle 30: Unternehmensgründe für Umstellung der Rechnungslegung

7.3   Unterschiede HGB, IAS bzw. US-GAAP

Die Hauptprobleme zwischen den gläubigerschutzorientierten HGB-Abschlüssen und den investorenorientierten IAS- bzw. US-GAAP-Abschlüssen liegen in folgenden Bereichen:

- das HGB sieht bei der Bilanzierung umfangreiche Bilanzierungs- und Bewertungswahlrechte vor

- HGB-Abschlüsse unterliegen in weit höherem Maß steuerlichen Einflüssen (z.B. Gewährung von Abschreibungen)

---

[265] Vgl. Stahl: Wechsel vom HGB auf IAS oder US – GAAP, in: krp-Zeitschrift für Controlling, Accounting- und System-Anwendungen, Ausgabe Januar / Februar 2002, S. 34.

- nach dem deutschen Vorsichtsprinzip müssen bzw. dürfen umfangreiche stille Reserven gebildet werden

Tabelle 31: Hauptprobleme bei Umstellung von HGB auf IAS bzw. US-GAAP

Stille Reserven kamen in der Vergangenheit zustande, weil von den Banken nach dem 2. Weltkrieg an großen deutschen Konzernen eingegangenen Beteiligungen in der Bilanz nach dem HGB mit historischen Anschaffungskosten gerechnet wurde (HGB § 253, (1), S. 1 HGB), obwohl ihr Börsenwert im Zeitablauf stark angestiegen war. Genau dieser signifikante Tatbestand verdient es, näher betrachtet zu werden.

Die Möglichkeit der Bildung stiller Reserven spielte in der nationalen sowie internationalen Bilanz eine zentrale Rolle. Mit der Bildung stiller Reserven wird das Ziel verfolgt, das Eigenkapital als Haftungsgrundlage für die Gläubiger zu sichern, in dem ein vorzeitiger Mittelabfluss in Form erhöhter Gewinnausschüttungen verhindert wird. Genau genommen bringen stille Reserven nur Vorteile für den Gläubiger und Nachteile für die Investoren. IAS und US-GAAP orientieren sich jedoch ausschließlich an den Interessen der Investoren.

Dieser Nachteil wird bei der Bildung und Auflösung der stillen Reserven besonders deutlich hervorgehoben[266], weil nicht nur der Gewinn manipuliert, sondern auch das Eigenkapital unrichtig dargestellt wird. Hieraus ergibt sich noch ein weiteres Problem, da durch die Bildung und Auflösung stiller Reserven auch der Einblick in die absolute Höhe der Betriebsergebnisse unmöglich gemacht wird.

Als Resümee lässt sich sagen, dass die nach unterschiedlichen Methoden erstellten Jahresabschlüsse der Unternehmen nicht ver-

---

[266] Vgl. Kremin-Buch: Internationale Rechnungslegung, 3. Auflage, Wiesbaden (Gabler), S. 3.

gleichbar sind. Gläubigerschutzorientierte Abschlüsse – allen voran der HGB-Abschluss – genügen den Anforderungen der internationalen Kapitalmärkte nicht. Deutsche Unternehmen müssen, wenn sie in den USA tätig (oder börsennotiert) sein wollen, nach IAS oder US-GAAP bilanzieren. Auch wenn diese Konzerne nach IAS bzw. US-GAAP bilanzieren, so müssen sie trotzdem in Deutschland ihre Abschlüsse nach HGB-Richtlinien erstellen. Diesen doppelten Aufwand, verbunden mit hohen Kosten, können sich kleine und mittlere Betriebe nicht leisten.

8   Veränderungen für Immobilienunternehmen durch IFRS

IFRS-Regelungen wirken sich auf verschiedene Bereiche in der Organisationsstruktur von Unternehmen aus. So ist z.B. die bilanzkulturelle Dimension hervorzuheben. Hier wird das Ziel verfolgt, mehr Transparenz und weniger Bilanzpolitik durch die Internationalisierung der externen Rechnungslegung zu forcieren. Es gilt der Grundsatz der wirtschaftlichen Betrachtungsweise (substance over form).

Veränderungen in der Organisationsstruktur wirken sich auf Mitarbeiter (hohe fachliche Qualifikationen) und auf die einzelnen Abteilungen aus. Die Folgen sind komplexe DV-Systeme und Anpassung an internationale Rechnungslegungsprozesse.

Natürlich wirken sich die Veränderungen durch IFRS-Regelungen auch auf die fachliche Ebene aus. Hier sind z.B. abweichende, detaillierte Bilanzierungsregeln und umfangreiche Angabepflichten zu beachten. Ständige Weiterentwicklung der IFRS und Originalquellen in englischer Sprache stellen hohe Ansprüche an die Mitarbeiter eines Unternehmens. Das deutsche Schulenglisch ist bei weitem nicht ausreichend.

Immer mehr deutsche Universitäten haben dieses Problem erkannt und bieten Studenten die Möglichkeit an, mindestens zwei Semester Englischkurse zu belegen. Außerdem können inzwischen an vielen deutschen Universitäten duale Abschlüsse erworben werden.

Die European Business School (EBS) in Oestrich-Winkel verlangt sogar von ihren Studenten, dass diese mindestens zwei Semester an einer ausländischen Universität studieren müssen. Die Globalisierung hat auch hier ihren Einfluss gefunden.

Herr Prof. Dr. Werner Schulte, Leiter der European Business School (EBS) in Oestrich-Winkel, ist ein unermüdlicher Kämpfer dieser Idee.

8.1   Umfang des zu bilanzierenden Immobilienvermögens

Nach IFRS werden Immobilien nach folgenden Kriterien eingeteilt:

*   Vorratsimmobilie (IAS 2)

*   Sachanlagen (IAS 16)

*   Investment Property / Anlageimmobilien (IAS 40)

*   zum Verkauf stehende Immobilien des Anlagevermögens (IFRS 5)

*   Finance lease als Leasingnehmer

*   Immobilien-Zweckgemeinschaften

*   Special Purpose Entities (IAS 27), z.B. Leasing-Objektschaften und Immobilienfonds

Tabelle 32: Immobilienkriterien gemäß IFRS

8.2   Erstanwendung IFRS

Bei der Erstanwendung nach IFRS besteht ein Erleichterungswahl-
recht bei der Ermittlung der Eröffnungsbilanzwerte. So können
Immobilien des Anlagevermögens alternativ angesetzt werden mit

- fortgeführten Anschaffungskosten (AK) / Herstellungskosten (HK) nach IFRS

- dem Fair Value

- fortgeführten HGB-Buchwerten

Tabelle 33: Erleichterte Bewertungsmöglichkeiten von Immobilien
bei IFRS-Erstanwendung

Der Ansatz der fortgeführten HGB-Buchwerte ist zulässig, wenn
diese nicht wesentlich von den IFRS-Werten abweichen. Die Ermittlung der fortgeführten AK/HK nach IFRS ist nicht nur zeit-,
sondern auch kostenaufwendig. Sachanlagen und Anlageimmobilien aus Finance lease fallen nicht unter das Erleichterungswahl-
recht.

8.3   Erfolgsneutrale Anpassung der Eröffnungsbilanz-
       werte

Bei Ansatz der fortgeführten AK/HK nach HGB oder IFRS können
zum Jahresabschluss erhebliche außerplanmäßige Abschreibungen
im Rahmen des Impairmenttests (IAS 36) erforderlich werden,
wenn die Buchwerte deutlich über den Marktwerten liegen. Mit der
Anpassung der Eröffnungsbilanz zum Fair Value wird eine einmali-
ge erfolgsneutrale Anpassung der Wertansätze an den Marktwert

bereits in der Eröffnungsbilanz möglich. Genau hier liegt ein nicht unerheblicher Vorteil für deutsche Unternehmen.

Dieser neu festgelegte Wertansatz gilt dann auch als neue Bemessungsgrundlage für die zukünftigen planmäßigen und außerplanmäßigen Abschreibungen. Die Anwendung dieser Regelung hat für die Unternehmen Eigenkapitalcharakter, da zu realen Marktwerten und nicht zu Buchwerten bilanziert wird.

8.4 Fair Value Model – Auswirkung auf deutsche Unternehmen

Der Wechsel deutscher Unternehmen von HGB-Abschlüssen auf IFRS/IAS hat nicht nur Auswirkung auf die Rechnungslegung, sondern stellt auch veränderte Anforderungen an das Management. Durch Anwendung des Fair Value Models (Bilanzierung von stillen Reserven) steigt eventuell der Druck der Aktionäre auf Gewinnausschüttung der Dividenden.[267] Außerdem kann es bei der Anwendung der Fair Value Models aufgrund ergebniswirksamer Erfassung in der GuV (Gewinn- und Verlustrechnung) zu eventuell nicht unerheblichen, von der Unternehmensführung nicht beeinflussbaren Schwankungen des Jahresergebnisses kommen.

Der wesentliche Unterschied der beiden Rechnungslegungskonzepte liegt in der abweichenden Betonung des Vorsichtsprinzips (HGB). Diese führt zu teilweise unterschiedlichen Abbildungen von Geschäftsvorfällen im Jahresabschluss nach HGB und IAS.

Würde man im Rahmen der Bilanzierung nach IAS/IFRS das handelsrechtliche Vorsichtsprinzip anwenden, so wäre die einseitige Betonung nicht realisierter Aufwendungen ein direkter Verstoß

---

[267] Vgl. Baumunk: Immobilienrechnungslegung nach IASB, Oestrich-Winkel (immoebs Seminar) 2005.

gegen die Qualitätskriterien der Verlässlichkeit und der Vergleichbarkeit und somit eine Verletzung grundlegender Qualitätsanforderungen des Rahmenkonzeptes.

Die unterschiedliche Gewichtung des Vorsichtsprinzips ist wohl eine der grundlegenden Unterschiede zwischen Handelsrecht und IAS/IFRS, deren Auswirkungen sich auch im Periodisierungsprinzip widerspiegeln.[268]

---

[268] Vgl. Gerardy, Möckel, Troff: Praxis der Grundstücksbewertung, Loseblattsammlung, Landsberg am Lech (Moderne Industrie) 2003, Kap. 1.10.5/1.

9   Abschließende Bewertung

9.1   Zusammenfassung

Es gibt durchaus Beziehungspunkte der internationalen Rechnungslegung und Bilanzbewertung mit der klassischen Verkehrswertermittlung (Marktwertermittlung), denn eine Reihe von bilanziellen Bewertungsvorgaben stellen ausdrücklich auf den Marktwert (Verkehrswert) ab.

Grundsätzlich kann es nur begrüßt werden, dass die Bilanzierung von Immobilien nicht mehr durch „Buchwerte" (auf Grundlage von Herstellungs- und Anschaffungskosten) dargestellt wird, sondern zunehmend auf das Verkehrswertprinzip (Marktwert) umgestellt wird. Hiermit liegt ein zuverlässigeres Bild über die Vermögensverhältnisse eines Unternehmens vor, als es durch Verwendung von Buchwerten bis dato möglich war.

Weltweit, also international, kennt die Wertermittlungspraxis drei Verfahren der Verkehrswertermittlung, die auch in der Wertermittlungsordnung (WertV) angesprochen sind.[269] Hierzu zählen:

- das Vergleichswertverfahren (Comparison Approach)

- das Ertragswertverfahren (Income Approach)

- das Sachwertverfahren (Cost Approach)

Tabelle 34: Die drei Verfahren zur Verkehrswertermittlung

Natürlich gibt es auch weitere Wertermittlungsverfahren, wie z.B. das Residualverfahren, das DCF-Verfahren, das Monte-Carlo-Verfahren u.a., die sich allerdings im Kern alle auf die drei Grund-

---

[269] Vgl. Kleiber: Was sind eigentlich die sog. Internationalen Bewertungsverfahren?, Neuwied (GuG), Heft 4, 2004, S. 193.

verfahren zurückführen lassen. Wenn es also Bewertungsverfahren gibt, die für sich den Anspruch nehmen können, dass es sich um internationale Verfahren handelt, so sind es eben diese drei Verfahren.

Von diesen drei Verfahren wird das Ertragswertverfahren bevorzugt, da es das geeignetste Verfahren ist, um einen Marktwert realitätsnah zu bestimmen.

Über die Miet- oder Pachthöhe erkennt man den Trend und die Werthaltigkeit einer Immobilie. Ein Mieter oder Pächter ist nur bereit, einen guten Mietzins zu bezahlen, wenn die Qualität (Ausstattung) und die Lage gut sind. Umgekehrt macht ein Mieter bei einem Reparaturstau auch Mietminderungen geltend. Leerstände spiegeln die Akzeptanz einer Immobilie auf dem Markt wider.

Welchen Sinn macht es dann, bei Eigentumswohnungen oder Reihenhäusern das Vergleichswertverfahren anzuwenden? Vergleichszahlen erhält man vom Gutachterausschuss oder von Maklern. Selektiert werden die Vergleichspreise (Wohnungen) nach der Größe und dem Baujahr der Wohnung. Andere Selektionen nach der Lage der Wohnung und der Ausstattung erfolgen in der Regel nicht.

Auch der Zeitraum für die Verkehrsausfälle (in der Regel die letzten 3–5 Jahre) gibt nur bedingt den Trend und den Marktwert einer Immobilie zum heutigen Wertermittlungsstichtag an.

Bereits in nahezu jedem Hochhaus werden für die Wohnung im Erdgeschoss andere Preise bezahlt als für Wohnungen in den höheren Etagen oder für eine Penthouse-Wohnung. Wie soll man hier einen realen Vergleich durchführen? Wie schwierig wird es erst bei einer Eigentumswohnung, die an einem anderen Ort liegt und sich in einem Dreifamilienhaus befindet?

Bei den Vergleichspreisen sind auch Garagen, Stellplätze, Kücheneinrichtungen u.a. in den Kaufpreisen enthalten und eine exakte Aufschlüsselung, was im Kaufpreis genau enthalten ist, ist in vielen Fällen nicht erfolgt. Somit sind die Vergleichspreise für Eigentumswohnungen nicht vergleichbar. Genau aus diesem Grund wird das Vergleichswertverfahren nur selten angewendet und auch nur bei unbebauten Grundstücken.

Natürlich wird diese Methodik von Sachverständigen kritisiert, die in dem Vergleichswertverfahren die Königsdisziplin für alle Wertermittlungsverfahren sehen. Vor Gericht scheitern dann die Befürworter, weil sie in Erklärungsnöte kommen, warum eine Wohnung im Erdgeschoss eines Zweifamilienhauses mit Fußbodenheizung und Kachelofen, gehobener Ausstattung und Baujahr 2000 den gleichen Wert haben soll wie eine Wohnung im 5. Obergeschoss eines Hauses mit PVC-Fußboden, mittlerer Ausstattung und einem Baujahr von 1995.

Wenn dann auch noch der Bodenwert erläutert werden soll, der für die eine Wohnung 500 €/qm beträgt und bei der anderen Wohnung bei lediglich 100 €/qm liegt, kommen die meisten Sachverständigen mit Recht in Erklärungsnöte.

Beim Ertragswertverfahren hat man diese Probleme nicht, da der Bodenwert anteilig ermittelt wird und der Mietzins einen hervorragenden Indikator für den Wert und die Nachhaltigkeit der Miete und somit des Ertrages darstellt.

Als stützendes Verfahren wird dann das Sachwertverfahren mit den Herstellungskosten des Jahres 2000 errechnet. Mit diesem Verfahren kann jedes Objekt mit den aktuellen Kosten ermittelt und dem Käufer oder Verkäufer plausibel dargestellt werden, ob es sich lohnt, neu zu bauen oder ein Objekt zu kaufen.

Werden beide Verfahren (Ertragswert- und Sachwertverfahren) richtig angewandt, so führen sie zu ähnlichen Ergebnissen. Genau diese Vorgehensweise (2-Säulenmodell) gibt die Sicherheit und das Gefühl, ob die „Verkehrswerte" auch richtig sind.

Liegt der Sachwert deutlich höher als der Ertragswert, so stellt sich die Frage, wo ein möglicher Fehler liegen könnte (z.B. falsche Flächenmaße, falsche Ermittlung der Ausstattungsstandards, Miethöhe stimmt nicht). Die nächste Frage lautet dann, ist der vorläufige Verkehrswert auch der tatsächliche oder muss ein Marktanpassungsfaktor verwendet werden?

Beim Ertragswertverfahren ist der Liegenschaftszinssatz der Marktanpassungsfaktor beim Sachwert. Erhöht man den Liegenschaftszinssatz, so sinkt der Verkehrswert. Bei einem niedrigen Liegenschaftszinssatz steigt der Verkehrswert.

Auch mit den Bewirtschaftungskosten kann man die Höhe des Verkehrswertes beeinflussen. Besonderes Augenmerk muss man auch auf die Wahl der Restnutzungsdauer einer Immobilie richten, da ebenso dieser Faktor wertbeeinflussend ist.

Dass sich die Verfahren auf nationaler Ebene auf nationale Eigentümlichkeiten ausrichten, kann eine nationale Vereinnahmung nicht rechtfertigen. So stehen auf nationaler Ebene die für eine fundierte Wertermittlung erforderlichen Ausgangsdaten nach Umfang und Qualität in unterschiedlichem Maße zur Verfügung.

Vor allem werden Immobilien durch nationale boden-, steuer-, bau- und umweltrechtliche Rahmenbedingungen beeinflusst. Außerdem spielen Besonderheiten der regionalen und örtlichen Grundstücksmärkte eine Rolle.

Wirtschaftliche Rahmenbedingungen und nationale Normen und Standards werden durch länderspezifische Besonderheiten bestimmt. Die Verkehrswertermittlung ist eine höchst nationale Angelegenheit. Aus diesen guten Gründen gehören die materiellen Belange der Wertermittlung im Rahmen der EU zum sogenannten ungeregelten Bereich, und die EU hat sich dem nicht angenommen.

Einer durchgreifenden Internationalisierung der Bewertungsverfahren sind bis zum betrachteten Zeitraum noch Grenzen gesetzt. Grundsätzlich muss auch bei der Vergabe von Bewertungsaufträgen nationalen Sachverständigen der Vorzug gegeben werden.

Wenn man mit dem Begriff *„internationale Bewertungsverfahren"* die Verfahren bezeichnen will, die in der Praxis der Verkehrswertermittlung vorherrschend zur Anwendung kommen, so ist das Ertragswertverfahren und nicht etwa das Discounted Cash Flow Verfahren als das internationale Verfahren hervorzuheben, da auch in den anderen Ländern (USA, England, Europa) die Direct Capitalization (Ertragswertverfahren) zur Anwendung kommt.

9.2   Fazit

Die deutsche Wertermittlungspraxis ist nicht so realitätsfern, wie es oft von international agierenden Anhängern der angelsächsischen Wertermittlungsmethodik suggeriert wird. Abgesehen von kleinen methodischen Fehlern wird dennoch der Preis, den der Markt einem Objekt zeitpunktbezogen zubilligt, also der nach deutscher Auffassung objektive Wert, nahezu präferenzfrei dargestellt. Von einer gedankenlosen Übernahme angelsächsischer Verfahren in die deutsche Praxis ist daher abzusehen, denn auch diese weisen Schwächen auf.

Es wird mitunter der Anspruch erhoben, über sehr theoretische Modellbildung kausale Zusammenhänge zwischen verschiedenen Faktoren aufzuzeigen. Insbesondere die Residual Method stellt ein stark konstruiertes Investorenverfahren zur Ermittlung eines maximal tragfähigen Preises dar. Inwiefern dieser Preis den marktüblichen Wert darstellt, sollte grundsätzlich kritisch hinterfragt werden. Dennoch bieten die angelsächsischen Ansätze eine sinnvolle Ergänzung zur deutschen Wertermittlungsmethodik. Unbedacht dessen erscheint es im Sinne einer zunehmenden Globalisierung sinnvoll eine Vereinheitlichung der internationalen Bewertungsstandards anzustreben.

Die von der TEGoVA im *„Guide Bleu"* veröffentlichten Richtlinien sind ein wichtiger Schritt in Richtung Harmonisierung der Immobilienbewertung über die Ländergrenzen hinweg. Im Interesse aller international tätigen Marktteilnehmer und im Blick auf eine sich entwickelnde homogene europäische Gesetzgebung sollten deutsche Immobiliensachverständige neben der altbekannten WertV 88 zunehmend auch die internationalen bzw. europäischen Standards berücksichtigen. Eine Abweichung von diesen aufgrund grober Meinungsdifferenzen oder gesetzlicher Restriktionen scheint dabei durchaus legitim.

Unabhängig von der Methodik ist eine Angleichung deutscher an die internationalen Bewertungsniveaus bereits im Gange und wird sich stetig fortsetzen. Die Konkurrenzsituation der offenen Märkte forciert diese Entwicklung nachhaltig.[270]

Die seit 1993 in Deutschland präsente RICS (Royal Institution of chartered Surveyors) setzt sich für die internationale Standardisierung ein und veröffentlicht eigene *RICS Appraisal and Valuation Standards* („Red Book"). Die Red Books gelten als Standardwerk in der Immobilienbewertung und die RICS hat in Deutschland bereits über 2.300 Mitglieder.[271]

---

[270] Vgl. o. V. (1998 a): Immobilien-Anlagenmarkt Deutschland, Hamburg (Jones Lang Wootton) 1998 a, S. 3.
[271] http://de.wikipedia.org/wiki/Royal_Institution_of_Chartered_Surveyors

Dennoch ist das deutsche Sachverständigenwesen weitaus besser als sein Ruf. Gerade auf der internationalen Bühne sollten deutsche Gutachter verstärkt auftreten, um sich für die deutschen Verfahren stark zu machen. In keinem Land der Welt gibt es diese Datendichte (Gutachterausschüsse, Liegenschaftszinssätze, Vergleichspreise und rechtliche Rahmenbedingungen) wie in Deutschland.

Subjektiv betrachtet ist die Rechtssicherheit in der Immobilienbranche in Deutschland am höchsten (basierend auf gutem Datenmaterial).

Die Hauptprobleme beim internationalen Vergleich liegen in der Kommunikation (Sprachprobleme), den rechtlichen Rahmenbedingungen (Baurecht u.a.) und der Politik eines Landes. In einem sozialistischen Regime gibt es keine freien Grundstückstransaktionen und somit auch keinen Grundstücksmarkt, der eine Verkehrswertermittlung oder eine Bilanzierung im Rahmen der Rechnungslegung benötigt.

Die Ansprüche an die Qualifikation eines Sachverständigen müssen mit Recht sehr hoch angesiedelt werden. Die richtigen Schritte wurden von der IHK und anderen Institutionen eingeleitet.[272] Neben einer akademischen Ausbildung muss sich der öffentlich bestellte und vereidigte Sachverständige alle fünf Jahre erneut überprüfen lassen. Außerdem muss sich der Sachverständige auf Dauer fortbilden. Die IHK verlangt jährlich den Nachweis über die Teilnahme an Fortbildungsseminaren.

Umso weniger ist es nachvollziehbar, warum in Hessen die Ortsgerichte im betrachteten Zeitraum nicht die gleichen Anforderungsprofile wie ihre Sachverständigen erfüllen müssen, wie es die IHK vorsieht. In den Ortsgerichten sind es fast immer Personen ohne

---

[272] Vgl. Wellmann, C. R.: Der Sachverständige in der Praxis, 7. Auflage, München (Werner) 2004, S. 235.

jegliche Immobilien- und Bewertungskenntnisse, die Gutachten erstellen. Der Schaden, der durch diese Gutachten für die Banken und Schuldner entsteht, geht in die Millionenhöhe. Dieser Missstand sollte abgestellt werden. Die Gemeinden wären gut beraten, keine Gutachten mehr durch Ortsgerichte erstellen zu lassen, da sie ansonsten aus Haftungsgründen in finanzielle Schwierigkeiten geraten könnten.

9.2.1 These

Die internationalen Bewertungsverfahren werden hochgepriesen aber überbewertet. Die deutschen Verfahren sind fundierter, spiegeln den tatsächlichen Markt besser wider, weil man hier über Gutachterausschüsse und Mietspiegel realitäts- und zeitnahes Datenmaterial vorliegen hat, das man in den Gutachten verwerten kann. Das deutsche Ertragswertverfahren wird besonders befürwortet.

Die von der TEGoVA im „Guide Blue" und von der RICS im „Red BOOK veröffentlichten Richtlinien stellen einen wichtigen Schritt auf dem Weg zu einer internationalen Harmonisierung der Immobilienbewertung dar.

Diese Standards und Methodiken jedoch wie häufig gefordert deshalb als das alleinige „Maß der Dinge" anzusehen, wird entschieden abgelehnt.

10 Literaturverzeichnis

Auernhammer, E.
Wert und Bewerten, einige grundsätzliche Gedanken zu Wertproblemen, (BauR) 1981

Bankakademie
Sachverständigenwesen in Deutschland und Europa, Berlin (VDH) 2003

Bankakademie
Verkehrswert nach WertV und anderen Verfahren, Berlin (VDH) 2003

Bankakademie
Europäische Immobilienmärkte und ihre Bewertungsverfahren, Berlin (VDH) 2003

Baumunk, H.
Immobilienrechnungslegung nach IASB, in Oestrich-Winkel, (Seminarskript für das immoebs Seminar, Intensivstudium Internationale Immobilienbewertung) 2005

Baumunk, H.
Immobilienbewertung und internationale Standards, in: Neuwied (Grundstücksmarkt und Grundstückswert) 2004, Heft 5, S. 268 – 269

Baumunk, H. / Böckern, H. / Schurbohm-Ebneth, A.
Die Bilanzierung von Immobilien nach International Accounting Standards, in: Neuwied (Grundstücksmarkt und Grundstückswert) 2002, Heft 6, S. 354 – 361

Bischoff, B.
Grundstückswertermittlung: Eine Einführung in die Praxis, Berlin (Grundeigentum) 1992

Bleutge, P.
Sachverständige: Inhalt und Pflichten ihrer öffentlichen Bestellung, 5. Auflage, Berlin (Deutscher Industrie- und Handelstag) 1999

Born, K.
Unternehmensanalyse und Unternehmensbewertung, 2. Auflage, Stuttgart (Schäffer-Poeschel) 2003

Brauer, K.-U.
Immobilienfinanzierung, in: Brauer, Kerry-U. (Hrsg.): Grundlagen der Immobilienwirtschaft: Recht, Steuern, Marketing, Finanzierung, Bestandsmanagement, Projektentwicklung, Wiesbaden (Gabler) 1999

Britton, W. / Davies, K. / Johnson, T.
Modern Methods of Valuation of Land, Houses and Buildings, 8. Auflage, London (Estates Gazette) 1989

Brühl, M. J.
Immobilienbewertung im internationalen Kontext, Frankfurt am Main (Seminarskript für das immoebs Seminar am 25. September 1998) 1998

Bub, W.-R. / Treier, G. (Hrsg.)
Handbuch der Geschäfts- und Wohnraummiete, 2. Auflage, München (C.H. Beck) 1993, mit Ergänzungslieferung 1994

Champness, P.
Approved European Property Valuation Standards („Guide Bleu"), commissioned by TEGoVA, London (Estates Gazette) 1997

Colborne, A. / Hall, P. C. L.
The Profits Method of Valuation, in: London (Journal of Property Valuation & Investment) 1992, Heft 1, S. 43 – 49

Conellan, O. / Baldwin, R.
The Cost Approach to Valuation, in: London (Journal of Property Valuation & Investment) 1992, Heft 1, S. 50 – 56

Crosby, N.
Valuation Practice in Europe: United Kingdom, in: Adair, A.; Downie, M. L.; Stanley, M.; Vos, G.: European Valuation Practice: Theory and Techniques, London (E & FN Spon) 1996, S. 265 – 303

Crosby, N. / Goodchild, R.
Reversionary Freeholds: Problems with Over-Renting, in: London (Journal of Property Valuation & Investment) 1992, Heft 1, S. 67 – 81

Däumler, K.-D.
Betriebliche Finanzwirtschaft, 6. neubearbeitete und erweiterte Auflage, Herne, Berlin (Neue Wirtschafts-Briefe) 1993

Downie, M. L. / Adair, A.
European Valuation Perspective: Conclusion and Prospects, in Adair, A.; Downie, M. L.; Stanley, M.; Vos, G. (Editors): European Valuation Practice: Theory and Techniques, London (E & FN Spon) 1996, S. 307 – 324

Downie, M. L. / Schulte, K.-W. / Thomas, M.
Valuation Practice in Europe: Germany, in: Adair, A.; Downie, M. L.; Stanley, M.; Vos, G. (Editors): European Valuation Practice: Theory and Techniques, London (E & FN Spon) 1996, S. 125 – 152

Drukarczyk, J.
Unternehmensbewertung, 4. Auflage, München (Vahlen) 2003

Engel, R.
Das aus für die DCF-Methode?, in: Neuwied (Grundstücksmarkt und Grundstückswert) 2002, Heft 6, S. 321 – 332

Engel, R.
Ertragswertverfahren und DCF-Verfahren im Überblick, in: Neuwied (Grundstücksmarkt und Grundstückswert) 2003, Heft 6, S. 350 – 355

European Valuation Standards 2003
London (TEGoVA and Estates Gazette) 2003

European Valuation Standards 2003
2. Auflage, Bonn (VÖB-Service GmbH) 2003

Evans, A. H.
Bewertungsverfahren nach den Standards der RICS, Oestrich-Winkel (Vorlesung ebs November 2004) 2004

Fickert, H. C. / Fieseier, H.
Baunutzungsverordnung: Kommentar unter besonderer Berücksichtigung des Umweltschutzes mit ergänzenden Rechts- und Verwaltungsvorschriften, 8. überarbeitete und erweiterte Auflage, Köln (Deutscher Gemeindeverlag / Kohlhammer) 1995

Gelbtuch, H. C. / Mackmin, D. / Milgrim, M. R.
Real Estate Valuation in Global Markets; Illinois (Appraisal Institute) 1997

Gerardy, T. / Möckel, R. / Troff, H.
Praxis der Grundstücksbewertung, Loseblattsammlung, Landsberg am Lech (Moderne Industrie) 2003

Gottschalk, G.-J.
Immobilienwertermittlung: Wertermittlungsverfahren, Mathematische Formelsammlung, 2. Auflage, München (C.H. Beck) 2003

Grünberger, D. / Grünberger, H.
IAS / IFRS und US-GAAP 2004 – Ein systematischer Praxis-Leitfaden, 2. Auflage, Herne, Berlin (Neue Wirtschafts-Briefe)

Harrop, M. J.
Bilanzierung, Bewertung und Rating von Immobilien, Düsseldorf (Euroforum-Konferenz vom 16. – 17. September 2003) 2003

Heidinger, F. / Hubalek, A. / Wagner, R.
Immobilienbewertung nach angelsächsischen Grundsätzen, Wien (Orac) 2000

Henselmann, K. / Kniest, W.
Unternehmensbewertung: Praxisfälle mit Lösungen, 3. erweiterte Auflage, Herne, Berlin (Neue Wirtschafts-Briefe) 2002

Hettrich, S.
Internationale Immobilienbewertung: Grundlagen, Berlin (Vorlesungsskript für den immobilienwirtschaftlichen Studiengang des Fachbereichs Wirtschaft an der FHTW Fachhochschule für Technik und Wirtschaft) 1998

Hinrichs, K. / Schultz, E.
Das Discounted Cash-Flow-Verfahren in der Praxis, in: Neuwied (Grundstücksmarkt und Grundstückswert) 2003, Heft 5, S. 265 – 272

Hök, G.-S.
Immobilienwertermittlung auf europäischer Rechtsgrundlage – ein neues Wertermittlungsrecht im Werden? in: Neuwied (Grundstücksmarkt und Grundstückswert) 2001, Heft 2, S. 65 – 74

Hommel, M. / Braun, I.
Fallbuch Unternehmensbewertung, Heidelberg (Recht und Wirtschaft GmbH) 2002

International Valuation Standards 2003
Sixth Edition, London (International Valuation Standards Committee) 2003

Isaac, D. / Steley, T.
Property Valuation Techniques, London (Macmillian Education Ltd.) 1991

Jäger, U.
Weiterentwicklung der Markttransparenz auf dem Grundstücksmarkt, in: Düsseldorf (Nachrichten aus dem öffentlichen Vermessungsdienst) 1998, Heft 1, S. 44

Jenyon, B. / Janzen, S.
Die Bewertung eines Bürogebäudes auf der Basis des Offenen Marktwertes, in: Neuwied (Grundstücksmarkt und Grundstückswert) 1998, Heft 5, S. 294 – 295

Kleiber, W.
Die „europäischen Bewertungsstandards" des Blauen Buchs, in: Neuwied (Grundstücksmarkt und Grundstückswert) 2002, Heft 6, S. 321 – 329

Kleiber, W. / Simon, J. / Weyers, G.
Verkehrswertermittlung von Grundstücken: Kommentar und Handbuch zur Ermittlung von Verkehrs-, Beleihungs-, Versicherungs- und Unternehmenswerten unter Berücksichtigung von WertV und BauGB, 3. vollständig neu bearbeitete und erweiterte Auflage, Köln (Bundesanzeiger) 1998

Kleiber, W.
Was sind eigentlich die sog. internationalen Bewertungsverfahren?
in: Neuwied (Grundstücksmarkt und Grundstückswert) 2004, Heft
4, S. 193 – 207

Kleiber, W. / Simon, J. / Weyers, G.
WertV '88: Wertermittlungsverordnung 1988 unter Berücksichtigung der WertR '91 und der ergänzenden Hinweise für die neuen
Länder: Praxisnahe Erläuterungen zur Ermittlung der Verkehrswerte und Beleihungswerte von Grundstücken, 3. vollständig neu bearbeitete Auflage, Köln (Bundesanzeiger) 1993

Kremin-Buch, B.
Internationale Rechnungslegung – Jahresabschluss nach HGB, IAS
und US-GAAP, 3. Auflage, Wiesbaden (Gabler) 2002

Kühne-Brüning, L. / Heuer, J. H. B.
Grundlagen der Wohnungs- und Immobilienwirtschaft, 3. überarbeitete und erweiterte Auflage, Frankfurt am Main (Fritz Knapp)
1994

Laue, I.
Gutachter als Wertermittler: Quadratmeterpreis sinkt oft bei stei-
gender Größe eines Grundstückes, in: Berlin (Berliner Morgenpost
vom 26.04.1998) 1998, S. 57

Leopoldsberger, G.
Kontinuierliche Wertermittlung von Immobilien, Köln (Müller) 1999

Millington, A. F.
An Introduction of Property Valuation, fourth Edition, London (Estates Gazette) 1994

Möckel, R.
Gedanken zur Irrationalität des Sachwertverfahren, in: Neuwied (Grundstücksmarkt und Grundstückswert) 1998, Heft 5, S. 292 – 293

Müller, V.-H.
Die Bewertung von Immobilien: Verfahrensweisen, quantitative und qualitative Methoden, in: Brunner, M. (Hrsg.): Immobilieninvestment: Produkte, Märkte, Strategien, 2. aktualisierte Auflage, Wiesbaden (Gabler) 1997, S. 347 – 367

Orr, R. S.
Internationale Immobilienanlagen: Höheres Risiko – größere Chancen? In: Brunner, M. (Hrsg.): Immobilieninvestment: Produkte, Märkte, Strategien, 2. aktualisierte Auflage, Wiesbaden (Gabler) 1997, S. 157 – 169

o. V.
(1995): IZ – Tutorial: Das neue „Red Book" der Royal Institution of Chartered Surveyors, in: Wiesbaden (Immobilien Zeitung) 1995, Heft 26, o. S.

o. V.
(1996 a): IZ – Tutorial: Over-rented Immobilien: Alternative Bewertungsmethoden, in: Wiesbaden (Immobilien Zeitung) 1996, Heft 1, o. S.

o. V.
(1996 b): IZ – Tutorial: Wertermittlung: Das Residualverfahren (Teil 1), in: Wiesbaden (Immobilien Zeitung) 1996, Heft 3, o. S.

o. V.
(1996 c): IZ – Tutorial: Wertermittlung: Das Residualverfahren (Teil 2), in: Wiesbaden (Immobilien Zeitung) 1996, Heft 4, o. S.

o. V.

(1996 d): IZ – Tutorial: Wertermittlung: Cash Flow Methoden beim Residualverfahren (Teil 3), in: Wiesbaden (Immobilien Zeitung) 1996; Heft 5, o. S.

o. V.

(1996 e): IZ – Tutorial: Bewertung von Hotelimmobilien, in: Wiesbaden (Immobilien Zeitung) 1996, Heft 6, o. S.

o. V.

(1996 f): IZ- Tutorial: Depreciated Replacement Costs: Abgeschriebene Wiederherstellungskosten – das internationale Sachwertverfahren, in: Wiesbaden (Immobilien Zeitung) 1996, Heft 16, o. S.

o. V.

(1996 g): IZ – Tutorial: Mathematische Grundlagen der Immobilienbewertung (Teil 1), in Wiesbaden (Immobilienzeitung) 1996, Heft 17, o. S.

o. V.

(1996 h): Für die Wertermittlung erforderliche Daten, in: Berlin (Amtsblatt für Berlin) 46 Jg., Heft 59, 22.11.1996, S. 4098 – 4100

o. V.

(1997 a): Commercial Investment Property, RICS Business Services Ltd. (Editor): Valuation Methods: An Information Paper, London 1997

o. V.

(1997 b): IZ – Tutorial: Eine Entscheidungshilfe bei Investitionen: Die Sensitivitätsanalyse, in: Wiesbaden (Immobilien Zeitung) 1997, Heft 8, o. S.

o. V.
(1997 c): IZ – Tutorial: Der Entscheidungsbaum bei der Immobilienbewertung, in: Wiesbaden (Immobilien Zeitung) 1997, Heft 10, o. S.

o. V.
(1997 d) IZ – Tutorial: Ein „Schnappschuss" in die Zukunft: Der geschätzte Realisationspreis, in: Wiesbaden (Immobilien Zeitung) 1997, Heft 19, o. S.

o. V.
(1997 e): IZ – Tutorial: Discounted Cash Flow und Nettobarwertmethode, in: Wiesbaden (Immobilien Zeitung) 1997, Heft 24, o. S.

o. V.
(1998 a): Immobilien-Anlagenmarkt Deutschland 1998, Hamburg (Jones Lang Wootton) 1998

o. V.
(1998 b): Zertifizierung von Sachverständigen in: Neuwied (Grundstücks- und Gebäudewertermittlung in der Praxis) 1998, Heft 3, S. 1

o. V.
Preisindizes: Berlin Baupreisindex Wohnungsneubau (diverse Basisjahre), in: München (Das Grundeigentum) 1999, Heft 3, S. 7

Rath, J.
Wertermittlungspraxis: Arbeitshilfen für Bewertungssachverständige, 4. neubearbeitete und erweiterte Auflage, Düsseldorf (Luchterhand) 2003

RICS Deutschland
Valuation Faculty Board, 2. Fassung, September 2003
www.ricsbooks.com/redbook

Roßbach, P.
Ist das Sachwertverfahren wirklich am Ende? in: Neuwied (Grundstücksmarkt und Grundstückswert) 1997, Heft 5, S. 257 – 258

Rössler, R. / Langner, J. / Simon, J. / Kleiber, W.
Schätzung und Ermittlung von Grundstückswerten, 6. überarbeitet und erweiterte Auflage, Neuwied, Frankfurt am Main (Luchterhand) 1990

The Royal Institution of Chartered Surveyors (Editors)
RICS Appraisal and Valuation Manual („Red Book"), London 1995, letzte Ergänzungslieferung 1997

Rückardt, K.
Bemerkungen zur Immobilienbewertung in Deutschland und Großbritannien, in: Neuwied (Grundstücksmarkt und Grundstückswert) 1991, Heft 6, S. 307 – 312

Scarrett, D.
Property Valuation: The five methods, London (E & FN Spon) 1991

Schulte, K.-W.
Immobilienökonomie, Band 1, Betriebswirtschaftliche Grundlagen, 2. überarbeitet Auflage, München (Oldenbourg) 2000

Schultze, W.
Methoden der Unternehmensbewertung: Gemeinsamkeiten, Unterschiede, Perspektiven, 2. Auflage, Düsseldorf (IDW-Verlag GmbH) 2003

Schulze, M.
Chartered Surveyors: Adelstitel der Immobilienwirtschaft, in: München (Immobilien Manager) 1998, Heft 6, S. 22 – 23

Simon, J.
Europäische Standards für die Immobilienbewertung, in: Neuwied (Grundstücksmarkt und Grundstückswert) 2000, Heft 3, S. 134 – 141

Simon, J.
Verkehrswertermittlung Offener Immobilienfonds, in: Neuwied (Grundstücksmarkt und Grundstückswert) 1998, Heft 3, S. 129 - 136

Simon, J.
Wertermittlung eines Büroobjektes, in: Neuwied (Grundstücksmarkt und Grundstückswert), 1998 Heft 1 S. 40 – 43

Simon, R.
Wertermittlung von Grundstücken, 4. überarbeitete Auflage, Neuwied (Luchterhand) 2001

Sommer, G.
Zur Irrationalität des Sachwertverfahrens, in: Neuwied (Grundstücksmarkt und Grundstückswert) 1998, Heft 4, S. 215 – 217

Sommer, G. / Piehler, J.
Grundstücks- und Gebäudewertermittlung; Loseblattsammlung, Bonn (Haufe) 2003

Sotelo, R.
Die WertV ist tot, es lebe die WertV: Ein finanzierungstheoretischer Vergleich deutscher und angelsächsischer Wertermittlungsmethoden, in: Neuwied (Grundstücksmarkt und Grundstückswert) 1995, Heft 2, S. 91 – 96

Sprengnetter, O.
Handbuch zur Ermittlung von Grundstückswerten, Loseblattsammlung, Sinzig (Wertermittlungsforum) 2003

Stahl, A. B.
Wechsel vom HGB auf IAS oder US-GAAP, in krp-Zeitschrift für Controlling, Accounting- und System-Anwendungen, Ausgabe Januar / Februar 2002

Stein, A. / Birnbaum, T. M. / Timmermannn, L.
Verfahren zur Wertermittlung von unbebauten und bebauten Grundstücken, in: Nann, W. (Hrsg.): Immobilien-Beiträge aus Wissenschaft und Praxis, Aktuelle Fragen aus Steuern, Recht und Betriebswirtschaft, Band 1, Bad Dürrheim (MBC) 1998, S. 275 – 299

Thomas, M. / Leopoldsberger, G. / Walbröhl, V.
Immobilienbewertung, in Schulte, K. W. (Hrsg.): Immobilienökonomie: Betriebswirtschaftliche Grundlagen, Band 1, München (Oldenbourg) 1998, S. 381 – 448

Thomas, M.
(1995 a): Income Approach versus Ertragswertverfahren (Teil 1), in Neuwied (Grundstücksmarkt und Grundstückswert) 1995, Heft 1, S. 35 – 38

Thomas, M.
(1995 b): Income Approach versus Ertragswertverfahren (Teil 2), in: Neuwied (Grundstücksmarkt und Grundstückswert) 1995, Heft 2, S. 82 – 90

Trotz, R.
Beherrschung von Markt-, Objekt-, Projektrisiken, Oestrich-Winkel (Vorlesung immoebs, Intensivstudium Internationale Immobilienbewertung) 2004

Vogels, M.
Grundstücks- und Gebäudebewertung – marktgerecht: mit Formeln, Rechenverfahren, Diagrammen, Tabellen und Rechnernutzung, 5. überarbeitete Auflage, Wiesbaden-Berlin (Bauverlag) 1996

Wagenhofer, A.

Internationale Rechnungslegungsstandards – IAS / IFRS, 4. überarbeitete und erweiterte Auflage der International Accounting Standards, Frankfurt, Wien (Redline Wirtschaft bei Ueberreuter) 2003

Wellmann, C. R.

Der Sachverständige in der Praxis, 7. Auflage, München (Werner) 2004

White, D. / Turner, J. / Jenyon, B. / Lincoln, N.

Internationale Bewertungsverfahren für das Investment von Immobilien, 3. Auflage, Wiesbaden (IZ-Verlag) 2003

Zimmermann, P.

Grundstücksbewertung, in: Rollmann, Christian (Hrsg.): Der Immobilienkauf, Bonn (Deutscher Anwaltverlag) 1997, S. 215 – 286

Zimmermann, P. / Heller, R.

Der Verkehrswert von Grundstücken, 2. Auflage, München (Vahlen) 1999

11   Gesetze, Verordnungen und Richtlinien

Baugesetzbuch vom 8. Dezember 1996 (BauGB)
BGBl. 1986, Teil I S. 2253, zuletzt geändert durch das Investiti-
onserleichterungs- und Wohnbaulandgesetz vom 22. April 1993
BGBl. 1993, Teil I, S. 466

Handelsgesetzbuch vom 10. Mai 1897 (HGB)
Zuletzt geändert durch Art. 12 G zur Umsetzung der UVP-
Änderungsrichtlinie, der IVU-Richtlinie und weiterer EG-Richtlinien
zum Umweltschutz vom 27.Juli 2001

International Accounting Standards Committee (Hrsg.),
International Accounting Standards 1999, Deutsche Fassung,
Stuttgart 1999
(www.iasb.org.uk)

International Accounting Board (Hrsg.)
International Financial Reporting-Standards 2003
(www.fasb.org.uk)

**Verordnung über die Honorare für Leistungen der Architek-
ten und Ingenieure vom 4. März 1991 (HOAI)**
BGBl. 1990, Teil I S. 533, zuletzt geändert durch die 5. Verordnung zur Änderung der HOAI vom 21. September 1995
BGBl. 1995, Teil I S. 1174

**Verordnung über Grundsätze für die Ermittlung der Ver-
kehrswerte von Grundstücken (Wertermittlungsverordnung) vom 6. Dezember 1988 (WertV)**
BGBl. 1988, Teil I, S. 2209

Wertermittlungs-Richtlinien vom 11. Juni 1991 (WertR)

BAnz. Nr. 182 a vom 27. September 1991, zuletzt geändert durch Erlass des BMBau vom 1. August 1996

Banz. Nr. 150 vom 13. August 1996

12 Abkürzungsverzeichnis

Eine Abkürzung ist eine verkürzte Darstellung bzw. Schreibweise eines Wortes oder einer Wortgruppe. Darunter sind Akronyme, Kurzwörter, Initialwörter, Buchstabenketten sowie Kürzel zu subsumieren.[273]

Abkürzung Bedeutung

Abkürzung	Bedeutung
Abb.	Abbildung
Abs.	LEERZEILE
AG	Aktiengesellschaft
Anm.	Anmerkung
Art.	Artikel
At.	Aufzählungstabelle
Az.	Aktenzeichen
Bd.	Band
BGB	Bürgerliches Gesetzbuch
bspw.	Beispielsweise
bzw.	Beziehungsweise
ca.	Circa
Co.	Compagnie. Sinngemäß: weitere, andere
d.h.	das heißt
Diagr.	Diagramm
Dr.	Doktor
erw.	erweitert(e)
etc.	et cetera
EU	Europäische Union
f.	Folgende
ff.	Fortfolgende
gr.	Griechisch
Graf.	Grafik
grds.	grundsätzlich

---

273 http://de.wikipedia.org (Abkürzung)

http	Hypertext Transfer Protocol
i.d.R.	in der Regel
i.S.v.	im Sinne von
IHK	Industrie- und Handelskammer
Inc.	Incorporated
jur.	juristische
Kap.	Kapitel
Ltd.	Limited (juristische Person)
m. E.	meines Erachtens
n. Chr.	nach Christus
Nr.	Nummer
pl.	Plural
Prof.	Professor
resp.	Respektive
S.	Seite
s. D.	schematische Darstellung
s. o.	siehe oben
s. u.a.	siehe unter anderen
sog.	sogenannte
Sp.	Spalte
s. u.	siehe unten
Tab.	Tabelle
u.a.	unter anderem, unter anderen und andere(s)
überarb.	überarbeitet(e)
Univ.	Universität
u.s.w.	und so weiter
vollst.	Vollständig
vs.	Versus
www	World Wide Web
z.B.	zum Beispiel
z.T.	zum Teil
zugl.	Zugleich

13 Tabellenverzeichnis

Tabelle 1: Unterschiedliche Gruppen von Sachverständigen 25

Tabelle 2: Sachverständigen-Organisationen in Deutschland 28

Tabelle 3: Zertifizierungsstellen in Deutschland 31

Tabelle 4: Unterscheidung öffentlich bestellter und zertifizierter Sachverständiger 32

Tabelle 5: Kriterien bei der Verkehrswertbestimmung 39

Tabelle 6: Die Verfahren zur Verkehrswertermittlung in Deutschland 44

Tabelle 7: Die 3 Vergleichsebenen des Vergleichswertverfahrens 46

Tabelle 8: Heranzuziehende Vergleichsmerkmale für eine hinreichende Übereinstimmung beim Vergleichswertverfahren.... 47

Tabelle 9: Drei Faktoren des Sachwertverfahrens 56

Tabelle 10: Notwendige Bewertungsschritte zur Anwendung NHK 2000 60

Tabelle 11: Faktoren der Formel z. Berechnung d. Bodenwertes . 63

Tabelle 12: Kritikpunkte am Sachwertverfahren 64

Tabelle 13: Grundstücksarten für das Ertragswertverfahren 68

Tabelle 14: Notwendige Parameter für das Ertragswertverfahren 68

Tabelle 15: Einflussfaktoren auf den Liegenschaftszinssatz 73

Tabelle 16: Faktoren der Ertragsformel 74

Tabelle 17: Verfahren zur Dekontaminierung in Deutschland...... 77

Tabelle 18: The European Group of Valuers Association 83

Tabelle 19: Deutsche Organisationen in der TEGoVA 85

Tabelle 20: Bestandteile des Practise Statements................... 92

Tabelle 21: Vier Wertedefinitionen im neuen „Red Book".......... 96

Tabelle 22: Annahmen für Bestpreis-Bewertung..................... 99

Tabelle 23: Die sechs Verfahren der int. Bewertungspraxis 103

Tabelle 24: Hauptanwendungsgebiete der Vergleichsmethode ... 105

Tabelle 25: Int. Einsatzgebiete des Sachwertverfahrens 109

Tabelle 26: Zinsansätze beim DCF-Verfahren 131

Tabelle 27: Notwendige Voraussetzungen für Residualmethode . 137

Tabelle 28: Projektentwicklungskosten 138

Tabelle 29: Internationale Bilanzierungsstandards 143

Tabelle 30: Unternehmensgründe für Umstellung der Rechnungslegung 146
Tabelle 31: Hauptprobleme bei Umstellung von HGB auf IAS bzw. US-GAAP..147
Tabelle 32: Immobilienkriterien gemäß IFRS 150
Tabelle 33: Erleichterte Bewertungsmöglichkeiten von Immobilien bei IFRS-Erstanwendung....................................151
Tabelle 34: Die drei Verfahren zur Verkehrswertermittlung 155

14   Formelverzeichnis

Formel 1: Formel zur Berechnung des Bodenwertes.................. 62

Formel 2: Ertragsformel 74

Formel 3: Investitionswert nach Ermittlung des ARY............... 120

Formel 4: Investitionswert nach Ermittlung des Y.P................ 120

Formel 5: Investment Value 122

Formel 6: Berechnung der Under-Rented Properties nach Top Slicing Approach 124

Formel 7: Berechnung der Over-Rented Properties nach Top Slicing Approach 124

Formel 8: DCF-Methode......................................132

15   Indexverzeichnis

25-year upward only FRI lease   119

AAbaul   62

Abschreibung   61, 70, 112

Abschreibungsmethode   112

Abschreibungsrücklage   127

Accounts Method   125

accredited by the RICS   88

Akkreditierung   30

Aktiengesellschaft   179

Aktienkurseinbruch   23

All Risks Yield   118, 120, 122, 124, 134

Alternative Use Value   95, 97

Alterswertminderung   42, 61, 100, 107

Altlasten   77, 79

Anerkennung   26, 30

Angebot   38, 47, 107, 115, 140

Anlageimmobilie   150, 151

Anlagemöglichkeit   81

Anlagevermögen   150, 151

Anpassungsfaktor   60

APC   88

Appraisal and Valuation Manual   87, 88, 89, 93, 112, 173

Appraisal and Valuation Standards   90, 92, 93, 95, 160

Approved by TEGoVA   85

Architekt   26, 27, 53, 60, 137, 177

ARICS   88

Art der Nutzung   55

ARY   118, 119, 120, 122, 123, 124, 125, 183

Asbestentsorgung   78

Assessment of Professional Competence   88

Associate of RICS   88

Auernhammer   36, 163

Aufmaß   56

Auskofferung	77
Außenanlage	39, 47, 57, 58, 60, 62, 63, 138
Ausstattung	22, 47, 105, 106, 114, 126, 156, 157
Ausstattungsstandard	60, 158
Australien	82
AVSB	92
Bank	17, 23, 34, 35, 42, 81, 145, 147, 162
Barwert	122, 129
Barwertmethode	103, 129
Bauausführungsfehler	61
Baudurchführung	58
Bauerwartungsland	33
BauGB	17, 22, 25, 29, 32, 33, 36, 37, 74, 98, 135, 142, 168, 177
Baugesetzbuch	25, 36, 37
Bauingenieur	26
Baukosten	54, 64, 111, 113, 137, 138
Baumangel	37, 56, 57, 61, 63, 73, 110
Baumangel	59, 61, 70
Baunebenkosten	58, 60, 62, 137
Baupreisindex	60, 172
Bauschaden	37, 56, 57, 59, 61, 63, 110
BDGS	28
BDVI	28
Bedarfsbewertung	42
Bedarfsbewertungszeitpunkt	41
Bedarfswertermittlung	22
Beisitzer	34
Belastung	18, 38
Beleihung	35, 42
Beleihungswert	17, 22, 35, 42, 43, 96, 101, 102
Beleihungswertermittlung	35
Bemessungsgrundlage	41, 152
Benchmarking	128
Berater	11, 81

Berlin 22, 26, 33, 35, 37, 43, 50, 51, 52, 53, 56, 68, 75, 76, 82, 86, 88, 89, 90, 97, 102, 104, 109, 114, 119, 121, 123, 126, 128, 131, 134, 135, 136, 145, 163, 164, 165, 167, 169, 171, 172, 175

Berliner Methode   44

Beschaffenheit   37, 47

Bestandsimmobilie   23

Besteuerung   35

Besteuerungszeitpunkt   42

Betriebskosten   69, 70, 116, 127

Bewerter   86, 113, 127, 128

Bewertung 18, 29, 35, 39, 45, 51, 53, 55, 65, 78, 79, 86, 89, 90, 94, 98, 99, 104, 106, 107, 109, 110, 113, 115, 117, 125, 128, 130, 132, 133, 139, 140, 155, 167, 168, 170, 171, 181

Bewertungsergebnis   105

Bewertungsgrundsatz   29

Bewertungsgrundsatz   81, 88, 89, 93, 94

Bewertungskriterium   45

Bewertungsmethode 18, 45, 54, 79, 80, 92, 95, 103, 104, 105, 106, 107, 123, 143, 170

Bewertungsmethodik   41, 103

Bewertungsobjekt   60, 132, 134

Bewertungspraxis   17, 80, 82, 83, 84, 103, 114, 181

Bewertungsrecht   40

Bewertungsstandard   18, 80, 81, 84, 85, 89, 93, 160, 168

Bewertungsstichtag   39, 41, 60, 98, 99, 137

Bewertungsverfahren 21, 80, 81, 88, 90, 97, 101, 102, 105, 108, 109, 110, 114, 120, 126, 127, 129, 136, 137, 155, 156, 159, 162, 163, 166, 169, 176

Bewertungszweck   35, 95

BewG   36, 41

Bewirtschaftung   43, 68

Bewirtschaftungskosten 35, 66, 68, 69, 70, 75, 116, 119, 133, 158

Bezugseinheit   52, 58

BGB   179

BGF   111, 137

BGH 43, 44, 45, 47, 128

Bilanzerstellung 22

Bilanzierung 35, 89, 90, 94, 144, 145, 146, 152, 155, 161, 163, 167

Bilanzierungspraxis 143, 144

Bilanzkorrektur 23

Blaues Buch 85, 168

Blaues Buch 86

Blue Book 85, 103, 110, 136

Bodenbeschaffenheit 47

Bodenkontaminierung 78

Bodenpreis 33

Bodenrichtwert 33, 50, 52, 62

Bodenrichtwertkarte 33

Bodenwert 21, 23, 45, 48, 49, 50, 53, 56, 57, 58, 62, 63, 67, 68, 69, 71, 73, 74, 76, 107, 109, 110, 113, 117, 139, 141, 157, 181, 183

Bodenwertermittlung 45, 51, 113, 139

Bodenwertverzinsung 72, 75

Bonn 29, 30, 33, 39, 46, 47, 58, 60, 70, 72, 73, 112, 166, 174, 176

Brandversicherungswert 110, 111

Brüssel 87

Bruttobetriebsgewinn 127

Bruttogeschossfläche 111

Bruttogrundfläche 58

Bruttorauminhalt 59

Brutto-Residualwert 138, 139

Builders' and Price Book 111

Building Cost Information Service 111

Bund der öffentlich bestellten Vermessungsingenieure 28

Bundesgerichtshof 26

Bundesministerium für Raumordnung, Bauwesen und Städtebau 59, 66

Bundesverband Deutscher Grundstückssachverständiger e. V. 28

Bundesverband Deutscher Vermessungsingenieure 84

Bundesverband öffentlich bestellter und vereidigter
Sachverständiger 84

Bundesverband öffentlich bestellter und vereidigter sowie
qualifizierter Sachverständiger e. V. 28

Bundesverband Öffentlicher Banken Deutschland 85

Bundesverfassungsgericht 41

BVS 28

Carsberg Working Party 94

Carsberg-Empfehlung 91

Cash-Flow 133, 136, 167

Chartered Surveryors 87

Chartered Surveyors 87, 88, 90, 91, 92, 173

China 82

Cost Approach 18, 103, 107, 109, 112, 113, 155, 165

Code of Conduct 88

Comparative Method 103, 104, 110, 113, 137, 139

Computer 12

Contractor's Test 107

Dach der Trägergemeinschaft für Akkreditierung GmbH 31

Darlehen 43

Datenmaterial 11, 35, 75, 161, 162

Dauerwert 42

DCF-Verfahren 18, 76, 129, 130, 131, 133, 134, 135, 155, 166,
181

Declining Balance Method 112

Dekontaminierung 77, 181

demographische Struktur 47

Denkmalschutz 95

Deponie 77

Depreciated Replacement Cost Method 107

Depreciated Replacement Costs 18, 96, 100, 109, 171

Deutscher Verband Chartered Surveyors 28, 87

Deutscher Verband Chartered Surveyors e. V. 28

Deutscher Verband für Vermessungswesen 28

Deutschland 11, 12, 17, 18, 25, 26, 27, 28, 30, 31, 44, 51, 77, 79, 81, 82, 83, 84, 86, 88, 96, 102, 106, 107, 110, 111, 113, 116, 118, 121, 125, 128, 129, 131, 133, 134, 136, 142, 144, 148, 160, 161, 163, 172, 173, 181

Development Appraisal   135, 136

DIN 277   60

DIN EN 45013   30, 31

Direct Capitalization   159

Direct Value Comparison Approach   18, 103, 104

Discounted Cash Flow   18, 103, 106, 129, 130, 135, 138, 159, 172

Discounted–Cash–Flow-Verfahren   76

Diskontierungsfaktor   135

Diskothek   55

DRC   18, 96, 100, 109

Düsseldorf 37, 38, 51, 59, 69, 89, 90, 94, 134, 167, 168, 172, 173

DVCS   28, 87

DVW   28

dynamische Investitionsrechnung   129

Eigenkapitalkosten   146

Eigennutzung   55, 65, 95

Einheitswert   17, 22, 35, 40, 41

Einheitsbewertung   41

Einheitswert   41, 42

Einzelimmobilie   11

EN 45000 ff   30

EN 45013   85

Entscheidungsgrundlage   22, 63, 75, 76, 95, 130

Erbbaurecht   18, 136

Erbpachtzins   135

Erbschaftsangelegenheit   22

Erfahrungssatz   59

Erfolgsprognose   127

Erfolgsrechnung   127

Erhaltungszustand   62

Ermittlungsmethodik   37

Eröffnungsbilanzwert 151
ERP 96, 101
Erschließungszustand 47
Ertragsfähigkeit 67, 126
Ertragsfaktor 52
Ertragsformel 74, 181, 183
Ertragswert 45, 53, 54, 55, 63, 66, 69, 71, 73, 74, 75, 76, 79, 126, 129, 141, 142, 158
Ertragswertermittlung 67, 72
Ertragswertmethode 129
Ertragswertverfahren 17, 18, 42, 43, 44, 54, 55, 64, 65, 66, 67, 68, 69, 75, 76, 79, 103, 113, 114, 115, 116, 117, 120, 121, 125, 129, 133, 134, 135, 142, 155, 156, 157, 158, 159, 162, 166, 175, 181
Erwartungshaltung 11
Erwerbsnebenkosten 120, 139
ESCS 87
Estimated Realisation Price 96, 101
EU 179
Europäische Business School 88
Europäische Union 179
European Business School 149, 150
European Property Valuers Association 83
European Society of Chartered Surveyors 87
European Valuation Standards 85, 112, 166
EUROVAL 83
EUV 18, 96, 97
EVS 85
Existing Use Value 18, 96, 97
Fabrik 55
Fair Value 151, 152
Fair Value Model 152
Fellow of RICS 88
Festsetzungsbeschluss 22
Feuerversicherungswert 35

Field Corporate Governance   84
Finance lease   150, 151
Finanzamt   22, 33
Finanzierung   22, 35, 42, 101, 164
Finanzwelt   143
Fondsanteile   91
Formaldehydbelastung   78
Frankfurt 25, 27, 34, 51, 82, 87, 89, 115, 116, 119, 126, 128, 130,
    131, 133, 136, 144, 164, 169, 173, 176
Freehold   129
Fremdkapitalzinssatz   131
FRICS   88
full repairing and insuring leases   116
Gebäude 21, 33, 39, 50, 52, 56, 57, 58, 71, 72, 75, 76, 100, 107,
    109, 110, 112, 117, 123
Gebäudeanteil   52
Gebäudebaujahresklasse   60
Gebäudeertragsteile   21
Gebäudeertragswert   69, 117
Gebäudefaktor   52
Gebäudereinertrag   73
Gebäudesubstanz   21
Gebäudewert   61
Gegenkontrollrechnung   52
Gemeinde   34
gemeiner Wert   36
gemeiner Wert   36, 41
Genauigkeitsgrad   39
General Practice   87
Generally Accepted Accounting Principles   143
Gerardy, Möckel und Troff   36
Gericht   17, 29, 44, 64, 157
Gesamtnutzungsdauer   61, 63, 73
Geschäftsverkehr   37, 38, 98
Geschossflächenzahl   48

Gesellschaftsübernahme 91
Gesetzgeber 26, 30, 41, 52, 72, 104
Gewerbeordnung 30, 31
Gewinnmethode 103, 125, 127, 128
GFZ 48, 49
Gleichheitsgrundsatz 41
Global Players 143
Globalisierung 11, 30, 149, 160
Gottschalk 37, 38, 66, 167
Großbritannien 82, 86, 88, 90, 101, 104, 106, 107, 111, 113, 119, 128, 131, 173
Growth Implizit Model 134
Grund und Boden 21, 35, 55, 71, 73, 110
Grundbuch 37
Grunderwerbssteuer 42, 139
Grundflächenpreis 58
Grundsteuer 41, 42, 69
Grundstück 18, 25, 28, 29, 32, 33, 35, 36, 37, 38, 39, 40, 41, 42, 43, 44, 45, 46, 47, 48, 49, 50, 51, 52, 53, 55, 56, 58, 59, 60, 61, 62, 63, 65, 66, 67, 68, 70, 71, 72, 73, 74, 76, 79, 91, 95, 100, 104, 109, 110, 114, 118, 126, 131, 133, 135, 136, 137, 138, 139, 140, 141, 142, 157, 168, 169, 172, 174, 175, 176, 177
Grundstücksfläche 48, 52
Grundstücksfreimachung 137
Grundstücksgröße 48
Grundstückslage 47
Grundstücksmarkt 33, 38, 40, 43, 50, 57, 74, 161, 163, 166, 167, 168, 169, 170, 173, 174, 175
Grundstücksmarktbericht 51
Grundstückspreis 33
Grundstückssachwert 53
Grundstückswert 36, 136, 142
Grundstückszustand 50
Guidance Notes 90
Guide Bleu 86, 89, 95, 103, 160, 164

Gutachten 25, 27, 29, 33, 34, 56, 64, 80, 90, 92, 111, 114, 162

Gutachtenerstellung 80

Gutachter 25, 29, 34, 39, 83, 84, 86, 89, 90, 97, 106, 115, 117, 131, 161, 169

Gutachterausschuss 17, 32, 33, 62, 106, 156

Gutachterausschuss 25, 33, 48, 72

Gutachterausschuss 29, 32, 33, 34, 46, 72, 106, 107, 161, 162

Gutachterwesen 84

Hamburg 51, 160, 172

Handelsgesetzbuch 143, 177

Handelsrecht 153

Hardcore Method 123

HBG 42

Herstellungskosten 55, 58, 59, 60, 61, 62, 100, 107, 151, 157

Herstellungswert 55, 56, 57, 58, 59, 60

HGB 143, 144, 145, 146, 147, 148, 151, 152, 169, 175, 177, 182

Hotelgrundstück 55

Hyp Zert 85

Hypothekenbank 30, 42

Hypothekenbankengesetz 42

Hyp-Zert GmbH 30

IRR-Methode 131

IAS 89, 91, 143, 144, 145, 146, 147, 148, 150, 151, 152, 153, 167, 169, 175, 176, 182

IAS/IFRS 144

IAS-Standard 89

IFRS 82, 143, 144, 145, 149, 150, 151, 152, 153, 167, 176, 182

IfS-Zert 30

IHK 31, 161, 180

Immobilie 17, 18, 21, 22, 23, 27, 29, 35, 37, 39, 41, 42, 44, 45, 50, 53, 55, 67, 68, 73, 76, 77, 80, 88, 89, 90, 94, 97, 99, 101, 102, 103, 104, 105, 107, 109, 110, 112, 115, 117, 123, 125, 126, 127, 128, 129, 130, 133, 135, 138, 145, 150, 151, 155, 156, 158, 160,162, 163, 167, 169, 170, 171, 172, 173, 175, 176, 182

Immobilienbewertung 11, 17, 22, 26, 35, 38, 39, 40, 41, 43, 47, 51, 54, 61, 80, 82, 84, 87, 89, 90, 96, 97, 101, 104, 105, 106, 109, 112, 114, 115, 116, 118, 119, 121, 123, 124, 125, 126, 128, 130, 131, 133, 134, 135, 136, 143, 144, 160, 162, 163, 164, 167, 171, 172, 173, 174, 175

Immobilienfonds 22, 23, 38, 150, 174

Immobilienkäufer 21

Immobilienportfolio 11, 22, 132

Immobiliensachverständiger 81, 90, 160

Immobiliensektor 11

Immobilientyp 95

Immobilienwirtschaft 25, 88, 164, 169, 173

Impairmenttest 151

Income/Investment Approach 18

Income Approach 103, 114, 116, 121, 122, 125, 129, 134, 155, 175

Incorporated Society of Valuers and Auctioneers 87

Industrie- und Handelskammer 31, 180

Industrieanlage 55, 77

Industriegebäude 58

Informationsverarbeitung 11

Ingenieur- und Architektenkammer 31

In-Site-Verfahren 77

Instandhaltung 70, 116

Instandhaltungskosten 43, 69, 116

Institute of Revenues Rating and Valuation 87

Institutional Lease 119

Internal Rate of Return 131

International Accounting Standards 91, 143, 145, 163, 176, 177

International Financial Reporting Standards 82

International Valuation Standards 17, 82, 90, 168

International Valuation Standards Committee 17, 82, 90, 168

Internationalisierung 143, 144, 146, 149, 159

Investition 81

Investitionsrechnung 130, 139

Investitionswert	120, 130, 135, 183
Investment Method	103, 114, 115, 129
Investment Property	150, 171
Investment Value	120, 121, 122, 123, 124, 131, 132, 138, 183
Investmentmethode	129, 137
Investor	11, 75, 81, 130, 131, 135, 136, 140, 147
IRRV	87
IVCS	98
IVS	90, 94
IVSC	17, 82, 88, 89, 90
Jahresmiete	42
Jahresreinertrag	52, 118
Jahresrohertrag	52, 70, 133
Japan	82
Kapitalanlage	66
Kapitalanlagegesellschaft	11, 22
Kapitalisierung	40, 66, 76, 118, 125, 134
Kapitalisierungsfaktor	73, 128
Kapitalisierungszins	81, 117, 118, 119
Kapitalisierungszinssatz	40, 110, 130
Kapitalmarktzins	66
Kapitalwert	123, 129, 130, 139
Kauf	35
Kaufpreis	32, 33, 38, 40, 45, 47, 52, 55, 57, 65, 66, 72, 97, 99, 130, 131, 137, 157
Kaufpreisfindung	11
Kaufpreissammlung	32, 33, 72, 106
Kaufpreisvereinbarung	48
Kaufvertrag	32, 33
Kirche	55, 101, 107
Köln	28, 30, 36, 40, 41, 42, 43, 44, 45, 47, 48, 49, 50, 51, 55, 56, 59, 61, 62, 67, 70, 71, 72, 73, 74, 104, 107, 118, 126, 131, 137, 138, 141, 142, 166, 168, 169
Kommune	32, 33
Konkurrenzbedingung	39

Konversionsfläche	77
Kreditinstitut	42, 101
Kreditvergabe	95
Kubikmeteransatz	58
Lage 22, 37, 38, 47, 72, 74, 77, 104, 105, 106, 111, 114, 156	
Lagergebäude	58
Landesverbände öffentlich bestellter und vereidigter Sachverständiger e. V.	28
Landratsamt	32
Layer Method	123
Leasehold	129
Leasingnehmer	150
Leerstand	116
Legaldefinition	38
Liegenschaftszins	35, 66, 71, 118, 131
Liegenschaftszinssatz	67, 68, 72, 73, 74, 75, 118, 134, 158, 181
Liegenschaftszinssatz	33, 72, 161
Liquidationsverfahren	76
LVS	28
Maklerprovision	139
Mallinson Reports	92
Management Fees	116
Marginal Yield	123
Market Value	18, 95, 96, 97, 98, 99, 100
Markt 38, 48, 53, 57, 65, 67, 81, 84, 97, 101, 105, 106, 115, 156, 159, 162, 175	
Markt- und Objektrating	85
Marktanalyse	105
Marktanpassung	53, 69, 119
Marktanpassungsfaktor	27, 53, 54, 57, 68, 158
Marktfaktor	64
Marktgeschehen	43, 51
Marktlage	43, 50
Marktmietpreis	106
Marktpreis	22

Marktschwankung	23
Marktsituation	39, 46, 47
Marktteilnehmer	11, 75, 160
Massenbewertung	41
Master of RICS	88
Method of Last Resort	128
Mietausfallwagnis	43, 69, 70
Miete	70, 105, 106, 115, 116, 117, 121, 122
Mieterfluktuation	116
Mietrecht	18
Mietvertrag	37, 38, 70, 115, 116, 119
Mietwertsteigerung	132
Mindestvoraussetzungen	26
MLV	18, 96, 101
Modernisierungsaufwand	110
Modernisierungsbesonderheit	56
Mortgage Lending Value	18, 96, 101
MRICS	88
München	26, 27, 31, 37, 38, 39, 41, 43, 47, 51, 52, 54, 61, 66, 80, 88, 96, 97, 104, 106, 109, 111, 112, 115, 118, 125, 128, 129, 161, 164, 165, 167, 172, 173, 175, 176
MV	18, 95, 96, 98
NPV-Methode	130
Nachbewertung	23
Nachfrage	27, 38, 47, 107, 115
Negative Values	95
Net Present Value	130
Nettokapitalwert	139
Nettowiederherstellungskosten	112
Nettowohnfläche	111
Neuherstellungswert	35
New Red Book	87
New York Stock Exchange	145
NHK	58, 59, 60, 66, 110, 111, 181
NHK 2000	58, 59, 60, 66, 111, 181

NHK 2005   19, 59
NHK 95   58, 66
NHKF/R   62
nicht-normiertes Verfahren   128, 129
Non Governmental Organisations Department   82
Normalherstellungskosten   58, 59, 60, 62, 63, 64, 66, 110
Normalitätsprinzip   38
normiertes Verfahren   44
Notar   32
Notargebühr   139
Nutzen   36, 40, 140
Nutzfläche   58, 59
Nutzungsdauer   21, 73, 81
NWFI   111
Oberlandesgericht   34
Objekt 21, 27, 36, 40, 48, 55, 66, 84, 101, 106, 118, 121, 137,
   138, 157, 159, 175
Objektivitätsprinzip   39
Off-Site-Verfahren   77, 78
OMV   95, 96
On-Site-Verfahren   78
Open Market Value   95, 96
Opportunitätsrendite   118
Opportunitätszinssatz   131
Ortsgericht   17, 34, 161, 162
Ortsgericht in Hessen   34
Ortslage   47
Over-Rented Properties   123, 124, 183
Pacht   70
Pauschalbewertung   23
Pensionskasse   91
Pflichtenkatalog   26
Portfolio   11
Practice Statement   95, 96
Practice Statements   90, 91

Preis	21, 100, 156
Preisbestimmung	39
Preisprognose	39
Produktivität	126
Professor Mittag	111
Profit Method	103
Profitabilität	126
Profits Approach	125, 128
Profits Method	125, 126, 128, 165
Prognosezeitraum	130
Property and Markting Rating	85
Purchaser's o-costs	121
Quadratmeteransatz	58
Quadratmeterkapitalwert	106
Qualitätsanforderung	80, 153
Quasi-Monopol-Immobilien	126
Rack-Rented Properties	115
Raummeterpreis	113
Realitätsprinzip	38
Rechnungslegung 18, 143, 144, 145, 146, 147, 149, 152, 155, 161, 169, 182	
Rechtsanwalt	34
Rechtsgrundlage	25
Rechtsprechung	29, 39, 44, 47, 61, 116, 142
Rechtsverhältnis	26
Red Book 17, 19, 87, 89, 90, 91, 92, 94, 95, 96, 98, 101, 104, 112, 160, 170, 173, 181	
reduzierende Gleichgewichtsmethode	112
Regionalmarkt	27
Reinertrag	40, 43, 66, 70, 71, 74, 110
Rental Value	121, 122, 124, 125
Rentenbarwertformel	118
Residual Method	103, 110, 135, 136, 141, 159
Residual Methode	18
Residualverfahren	135, 138, 155, 170, 171

Residualwertmethode 103, 135

Residualwertverfahren 106, 113, 136, 139, 140, 141

Residuum 135, 136, 137, 139, 140, 141

Restnutzungsdauer 43, 61, 63, 68, 71, 72, 73, 74, 75, 117, 134, 158

Richtlinie 23, 29, 82, 87, 88, 89, 90, 93, 95, 104, 112, 136, 148, 160, 162, 177, 178

Richtwertkarte 32

RICS 17, 81, 82, 86, 87, 88, 89, 90, 93, 94, 95, 97, 101, 102, 104, 111, 112, 120, 160, 162, 166, 171, 172, 173

Ring Deutscher Makler 84

Risikoabschlag 42, 43, 122, 124

Ross 61

Royal Institution of Charted Surveyors 17

Royal Institution of Chartered Surveyors 81, 86, 88, 89, 112, 170, 173

Russland 82

Sachanlage 150, 151

Sachkunde 26, 28

Sachverständigenwesen 11, 17, 30, 34, 81, 82, 86, 161, 163

Sachverständiger 17, 22, 25, 26, 27, 28, 29, 30, 31, 32, 33, 34, 35, 37, 44, 46, 54, 55, 56, 58, 64, 68, 71, 75, 80, 81, 91, 106, 111, 113, 116, 128, 134, 157, 159, 161, 164, 172, 176, 181

Sachwert 44, 45, 53, 54, 57, 62, 63, 64, 65, 66, 74, 79, 95, 100, 108, 158

Sachwertmethode 112

Sachwertverfahren 17, 18, 44, 53, 54, 55, 56, 64, 65, 66, 79, 103, 106, 107, 109, 113, 114, 142, 155, 157, 158, 170, 171, 173, 174, 181

Sanierungsanlage 77

Schaden 23, 162

Schadensbeseitigungskosten 61, 63

Schadstoffabbau 78

Schätzung 21, 22, 29, 35, 39, 41, 61, 102, 110, 129, 173

Schenkung 22

Schenkungssteuer	41, 42
Schiedsgutachten	53
Schule	55, 101, 107
Sicherheitsabschlag	42
Simple Substituted Building	110
Sinzig	30, 40, 45, 52, 56, 57, 67, 174
Sir Bryan Carsberg	91
Sommer/Piehler	39, 47
Sonderimmobilie	55
Special Purpose Entities	150
Specialised Properties	107
Spekulationsanlage	66
Spon's Architects	111
Sprengnetter	39, 40, 45, 52, 56, 57, 67, 174
Standardverfahren	112
Steuer	41, 116, 164, 175
Steuerrecht	53
Stichtag	35, 37
Stichtagsprinzip	35, 37
Straightline Depreciation Method	112
Stuttgart	51, 111, 129, 164, 177
Subjekt	21
Südafrika	82
Target Rate	131, 135
TEGoVa	98
TEGoVA	17, 83, 84, 85, 86, 88, 89, 95, 103, 104, 110, 136, 160, 162, 164, 166, 181
TEGoVoFA	83
Term & Reversion Approach	121, 122
Term and Reversion	121
Term and Reversion Approach	121
TGA	31
The European Group of Valuers Association	83, 181
The European Group of Valuers Associations	17
The European Group of Valuers of Fixed Assets	83

Theater	55, 126
Think global	81
Top Slicing Approach	121, 122, 123, 124, 183
TRA	124
TSA	123, 124
Überwachung	26, 32
UfS	28
Umgebungsinfrastruktur	47
Umrechnungskoeffizient	48, 49
Under-Rented Immobilie	122
Under-Rented Properties	121, 123, 124, 183
Union freier Sachverständiger e. V.	28
Unit Costs	111
Unternehmen	12, 22, 88, 126, 127, 143, 144, 145, 147, 149, 152
Unternehmensbewertung	76, 128, 129, 131, 134, 135, 164, 165, 167, 168, 173
Unvergleichbarkeit	22
USA	82, 107, 131, 148, 159
US-GAAP	143, 144, 145, 146, 147, 148, 167, 169, 175, 182
Verband deutscher Hypothekenbanken e. V.	85
Verfassungsmäßigkeit	41
verfassungswidrig	41
Vergangenheitsbetrachtung	51
Vergleichsfaktor	46, 50, 52
Vergleichsfaktorverfahren	52
Vergleichsfall	46, 48
Vergleichsgrundstück	47
Vergleichskaufpreis	52
Vergleichsmethode	105, 181
Vergleichsmiete	45
Vergleichspreis	48, 49, 50, 156, 157, 161
Vergleichspreisverfahren	51
Vergleichsverfahren	46
Vergleichswert	22, 46, 51
Vergleichswertermittlung	48

Vergleichswertmethode 105, 106

Vergleichswertverfahren17, 18, 44, 45, 46, 47, 48, 49, 51, 53, 58, 67, 71, 74, 79, 103, 104, 106, 113, 114, 126, 139, 142, 155, 156, 157, 181

Verkauf 35, 43, 98, 107, 138, 139, 150

Verkaufswert 43

Verkehrswert17, 35, 36, 37, 38, 39, 40, 41, 42, 43, 44, 45, 49, 50, 52, 53, 55, 69, 72, 74, 75, 80, 95, 98, 99, 110, 116, 117, 128, 130, 131, 134, 135, 142, 155, 158, 163, 169, 176, 177

Verkehrswertdefinition 37

Verkehrswertermittlung28, 33, 35, 36, 37, 39, 40, 41, 42, 43, 44, 45, 47, 48, 49, 55, 56, 59, 61, 62, 67, 70, 71, 72, 73, 74, 118, 131, 133, 134, 137, 138, 141, 142, 155, 159, 161, 168, 174, 181, 182

Vermarktungsstrategie 130

Vermarktungszeitraum 98, 99

Vermögensanlage 66

Verordnung 25, 29, 52, 104, 144, 177

Versicherung 22, 23, 69, 94, 116

Versicherungskosten 60

Versicherungsrecht 53

Volleigentum 129

Vorratsimmobilie 150

Werkstatt 58

Wertbegriff 17, 35, 94, 95, 96, 104

Wertdefinition 18, 35, 80, 87, 95, 96, 103

Wertermittlung17, 18, 21, 25, 29, 32, 35, 36, 37, 38, 44, 50, 52, 53, 59, 60, 61, 63, 66, 67, 79, 90, 91, 97, 98, 99, 103, 104, 107, 112, 126, 133, 135, 137, 138, 140, 142, 158, 159, 169, 170, 171, 174, 175

Wertermittlungsangelegenheit 91

Wertermittlungsgrundsatz 91

Wertermittlungskontrollverfahren 55

Wertermittlungsmethode 51

Wertermittlungspraxis 18, 21, 37, 38, 59, 69, 117, 155, 159, 172

Wertermittlungsrichtlinie 25
Wertermittlungsstichtag37, 38, 41, 48, 58, 60, 63, 74, 125, 141, 156
Wertermittlungsverfahren18, 29, 45, 49, 53, 63, 67, 74, 100, 104, 155, 157, 167
Wertfindung 22
Wertkorrektur 45
WertR 25, 29, 48, 61, 72, 73, 104, 169, 178
Wertsteigerung 66
WertV21, 25, 29, 37, 38, 39, 44, 45, 47, 48, 49, 50, 52, 53, 56, 57, 58, 61, 62, 65, 66, 68, 70, 71, 72, 73, 74, 76, 80, 100, 104, 109, 112, 113, 116, 128, 129, 131, 135, 140, 142, 155, 160, 163, 168, 169, 174, 177
Wertzuwachs 40
Wettbewerbsrecht 26
WF-Zert 30
White Book 82
Wiederbeschaffungswert 55
Windelschmidt, Thomas 12
Wirtschaftlichkeit 38, 67
Wirtschaftlichkeitsberechnung 136
Wirtschaftsgut 21
Wirtschaftsprüfungsgesellschaft 90
Wirtschaftssubjekt 21
Wohneigentum 52
Zeitwert 59
Zertifizierung 30, 172
Zertifizierungsstelle 30, 31, 181
Zimmerkapitalwert 106
Zinssatz 72, 122, 130, 131, 134
Zinsniveau 40
Zulassung 26
Zwangsversteigerung 22, 34, 114
Zwangsversteigerungsverfahren 27, 42

Zum Autor

Marco Althaus, geboren am 2. November 1963 in Dortmund, besuchte in seiner Heimatstadt das Max-Plack-Gymnasium bis zum Abitur und begann dort nach einem 15-monatigen Grundwehdienst bei der Volksbank Dortmund eine Lehre zum Bankkaufmann.

Nach dem erfolgreichen Abschluss seiner Ausbildung wurde er als einziger Azubi seines Jahrgangs in die Kreditabteilung der Dortmunder Volksbank übernommen und nach einjähriger Tätigkeit von der Commerzbank Dortmund in deren Nachwuchskader abgeworben. Einem verkürzten Traineeprogramm für Nachwuchsführungskräfte folgte die Übernahme der Leitung des Privatkundengeschäftes bei der Commerzbank Iserlohn zunächst als Handlungsbevollmächtigter A und später als Prokurist. Nach Beendigung einer vierjährigen Tätigkeit als Filialdirektor und Leiter der Commerzbank Lünen, wechselte Marco Althaus im Commerzbank Konzern zur CommerzLeasing und Immobilien GmbH nach Düsseldorf.

Seit 1996 bis heute ist er in verschiedenen Positionen für die KGAL GmbH & Co. KG, Grünwald, tätig. Einer langjährigen Funktion als Leiter des Regionalbereiches Rhein/Ruhr folgte im Juli 2009 der Wechsel in das Institutionelle Geschäft des bekannten Emissionshauses als Director Institutional Business.

Marco Althaus ist in erster Ehe glücklich mit seiner Frau Sabine verheiratet und stolzer Vater zweier Kinder, Alexander (1998) und Catherina (2003).

www.ingramcontent.com/pod-product-compliance
Lightning Source LLC
Chambersburg PA
CBHW020834210326
41598CB00019B/1900